Gaynor Ramsey
Patricia Mugglestone

Office English *ganz leicht*

Schnellkurs für den Beruf

Hueber Verlag

Bildnachweis

Coverfoto: © Mauritius/Ley;
Seite 21, 33, 45, 69, 93, 105 (oben): Jens Funke;
Seite 57 (oben): British Airways; Seite 57 (unten): VISUM/A. Vossberg;
Seite 81 (oben): Helen Bugler; Seite 81 (unten): Iris Owen;
Seite 105 (unten): Gerd Pfeiffer;
Seite 117: MHV Archiv (Dieter Reichler)

5. 4. 3. | Die letzten Ziffern bezeichnen
2011 10 09 08 07 | Zahl und Jahr des Druckes.
Alle Drucke dieser Auflage können, da unverändert,
nebeneinander benutzt werden.
1. Auflage

Titel der Originalausgabe: English for your job

Redaktion: John Stevens, Bad Münstereifel
Umschlaggestaltung: Atelier Kontraste, München
Zeichnungen: Irmgard Paule, München
Layout und Satz: [HLM] Holger Latzel, München
Druck und Bindung: AZ Druck und Datentechnik GmbH, Kempten
Printed in Germany
ISBN 10: 3–19–002869–9 (Package)
ISBN 13: 978–3–19–002869–6 (Package)
01.2869 (Buch)

Herzlich willkommen! Sie haben eine gute Wahl getroffen, mit *Office English ganz leicht* Englisch zu lernen. Bitte lesen Sie diese Einleitung sorgfältig durch, bevor Sie mit der Arbeit beginnen. Sie erhalten wichtige Hinweise zur Benutzung des Kurses sowie eine detaillierte Beschreibung des Lektionsaufbaus.

- Da Ihnen kein/e Lehrer/in zur Verfügung steht, sollten Sie alle Hilfsmittel nutzen, die Ihnen Buch und CDs bieten. Im Anhang finden Sie die deutsche Übersetzung der Dialoge und Texte, eine Grammatik-Übersicht, die Lösungen der schriftlichen Übungen, den Text der CD-Übungen sowie das alphabetische Wörterverzeichnis.
- Bitte arbeiten Sie die Lektionen der Reihe nach durch. Es ist wichtig, dass Sie nichts auslassen, denn die späteren Lektionen bauen auf den früheren auf. Das Material auf den CDs folgt genau den einzelnen Schritten im Buch. Wo Sie das Piktogramm  finden, sollen Sie mit der CD arbeiten. Neben dem Piktogramm stehen jeweils zwei Zahlen: Die linke gibt an, um welche der drei CDs es sich handelt, die rechte den Haltepunkt, den Sie ansteuern können.
- Versuchen Sie, Ihre eigene Lernstrategie zu entwickeln. Sie kennen sich selbst am besten und wissen, ob Ihnen das Lernen z.B. morgens oder abends leichter fällt. Ein Selbstlernkurs gibt Ihnen die Möglichkeit, Tempo, Rhythmus und Intensität des Lernprozesses selbst zu gestalten. Bedenken Sie aber, dass es sinnvoller ist, öfter und in kurzen Lernperioden zu arbeiten, statt einmal im Monat einen „Mammuttag" einzulegen.
- Hören Sie sich so oft wie möglich die CDs an. Wiederholen Sie auch die Lektionen, die Sie bereits bearbeitet haben. Dadurch wird das Gelernte vertieft und Ihr Ohr gewöhnt sich schneller an die fremde Sprache. Das kommt auch Ihrer Aussprache zugute. Nehmen Sie das von Ihnen Gesprochene auf ein separates Band auf und vergleichen Sie es kritisch mit dem von den Sprechern.
- Versuchen Sie, ab und zu einen Dialog selbst zu übersetzen und erst hinterher die deutsche Version im Buch zu Rate zu ziehen.

Ziel des Kurses ist es, Ihnen so schnell wie möglich Grundkenntnisse des berufsbezogenen Englisch zu vermitteln. Das Material ist nicht immer einfach, denn Sie haben es von Anfang an mit der gesprochenen Sprache zu tun. Einige Dialoge werden Ihnen schwerer fallen als andere, aber machen Sie sich keine Sorgen, wenn Sie etwas nicht auf Anhieb verstehen. Wenn man eine Fremdsprache lernt – ganz gleich nach welcher Methode – stößt man unweigerlich auf Hindernisse. Da Sie keine/n Lehrer/in fragen können, müssen Sie die Hindernisse selbst aus dem Weg räumen. Um Sie bei der Selbsthilfe zu unterstützen, folgt nun eine Beschreibung der einzelnen Abschnitte einer Lektion.

Jede Lektion besteht aus den folgenden Teilen:

- **Dialog A (Dialogue A)**
  - Englischer Lehrdialog
  - zwei Übungsdialoge
  - Erläuterungen zu Grammatik, Wortschatz und Landeskunde
- **Dialog B (Dialogue B)**
  - Englischer Lehrdialog
  - zwei Übungsdialoge
  - Erläuterungen zu Grammatik, Wortschatz und Landeskunde
- **C Sprachfertigkeiten (Language skills)**
  - Hör-, Lese- und Schreibübungen, bei denen Sie das Gelernte vertiefen und in die Praxis umsetzen
  - Erläuterungen zu Grammatik, Wortschatz und Landeskunde
- **D Grammatik (Grammar)**
  - Übersichten, Erläuterungen und Übungen zu den wesentlichen Grammatikstrukturen der Lektion
- **E Spracharbeit (Language study)**
  - Wortschatzübungen (Vocabulary)
  - Sprechübungen auf CD (Speaking)
  - eine von der CD gesteuerte Diktatübung (Writing)
- **F Zusammenfassung (Summary)**
  - Zusammenfassung wichtiger Ausdrücke der Lektion (Useful expressions)
  - Zusätzlicher Wortschatz (Extra Vocabulary)
  - Unterhaltung (Conversation) als mündliche Abschlussübung

Dialogue A, Dialogue B
Jede Lektion besteht aus zwei Lehrdialogen, A und B. Diese bilden mit den Übungsdialogen sowie den Erläuterungen zu Grammatik, Wortschatz und Landeskunde den ersten Teil einer Lektion.

Sämtliche Lehrdialoge können Sie auf der CD hören und im Buch auf Englisch mitverfolgen; die deutsche Übersetzung finden Sie jeweils im Anhang. Unmittelbar nach einem Lehrdialog folgen zwei Übungsdialoge, die ebenfalls auf der CD aufgenommen sind. Der Sinn dieser Übungen ist es, die in den Lehrdialogen vorgegebenen Wendungen, Strukturen und Vokabeln zu üben, indem Sie selbst einen Teil des Dialogs sprechen. Sie finden auf der CD und im Buch immer zunächst ein Beispiel. Der Teil, den Sie sprechen sollen, ist im Buch kursiv gedruckt. Den vollen Text der Übungsdialoge finden Sie im Anhang.

Sie können den Lehrdialogen auf verschiedene Weise zuhören, je nachdem wie schwierig Sie sie finden. Sie können zum Beispiel

- zuhören, ohne überhaupt ins Buch zu schauen,
- zuhören und dabei den englischen Text im Buch verfolgen (und dann später die deutsche Übersetzung zum Verständnis der neuen Wörter zu Hilfe nehmen),
- sich den englischen Text und die deutsche Übersetzung im Anhang durchlesen, wenn Sie einen Dialog besonders schwierig finden. Hören Sie sich aber bitte nicht die englische Version an, während Sie den deutschen Text lesen.

Bei den Übungsdialogen finden Sie jeweils kurze Pausen, in denen Sie sprechen. Was Sie sagen sollen, ist aus den Anweisungen im Buch zu ersehen.

Language skills
In diesem Lektionsteil wird das Gelernte vertieft und in die Praxis umgesetzt. Sie finden dort mehrere Übungen.
Das CD-Material zu dieser Seite ist nicht im Buch abgedruckt, weil es vor allem um das Verstehen geht, nicht um das aktive Üben von Wortschatz und Strukturen. Die Lösungen aller Übungen befinden sich im Anhang. Wenn Sie also einen Fehler gemacht haben, hören Sie sich einfach die Übung auf der CD noch einmal an.

Grammar
Jede Lektion enthält einen Grammatikteil mit Übersichten, Erläuterungen und Übungen insbesondere zur Bildung und zum Gebrauch von Verbformen. Die Lösungen aller Übungen aus diesem Lektionsteil finden Sie im Anhang.

Language study
Dieser Lektionsteil ist in drei Abschnitte unterteilt:

- Übungen zur Festigung und Erweiterung des Wortschatzes. Die Lösungen finden Sie jeweils im Anhang.
- Mündliche Sprechübungen, in denen Sie die Grammatik der Lektion direkt mündlich anwenden. Diese Übungen spielen sich in drei Phasen ab:
  1. Sie hören eine bestimmte Wendung, auf die Sie reagieren sollen.
  2. Auf der CD folgt dann eine Pause, in der Sie sprechen.
  3. Nachdem Sie gesprochen haben, hören Sie die Lösung zur Kontrolle.

  Der Moderator erklärt Ihnen zunächst, was zu tun ist, und Sie hören immer jeweils ein Beispiel.
  Der Text dieser mündlichen Übungen ist im Anhang abgedruckt. Je öfter Sie die Übungen wiederholen, desto schneller und sicherer werden Sie.
- Ein Übungsdiktat, das auf der CD gesprochen wird. Hören Sie den Text so oft, wie Sie möchten. Die Lösung ist jeweils im Anhang abgedruckt.

Summary
Auch dieser Lektionsteil hat drei Abschnitte:

- Zusammenfassung der wichtigsten Redewendungen der Lektion.
- Zusätzliche Wörter und Ausdrücke, die nicht in den Dialogen und Übungen der Lektion vorkamen, aber eine wichtige Ergänzung darstellen.
- Am Ende einer jeden Lektion werden Sie aufgefordert, an einer Unterhaltung teilzunehmen. Die Übungen gehen wie folgt vor sich: Ein/e Sprecher/in stellt Ihnen eine Frage, die Sie entweder direkt persönlich oder nach den Anweisungen unseres deutschen Moderators beantworten sollen. Bitte sprechen Sie jeweils in der Pause und hören Sie sich dann die richtige Version zum Vergleich an. Es klingt etwas kompliziert, aber Sie werden sich bald an das Muster dieser Unterhaltungen gewöhnen.

Ein Inhaltsverzeichnis, das in Stichpunkten angibt, was in jeder Lektion behandelt wird, finden Sie auf den Seiten 6–8. Bitte lesen Sie sich das entsprechende Verzeichnis durch, bevor Sie eine neue Lektion beginnen.

Und nun wünschen wir Ihnen viel Spaß und Erfolg mit *Office English ganz leicht*.

Lektion 1

A company with a difference!

A1 (1/1)

Sarah Weston ist Reisereporterin für eine große Sonntagszeitung. Sie möchte einen Artikel über „die etwas anderen" Reiseunternehmen schreiben. Sie ist gerade in der Hauptgeschäftsstelle von *Travel Unlimited* in London eingetroffen, wo sie mit der Referentin für Öffentlichkeitsarbeit verabredet ist.

DEREK: Good afternoon. Can I help you?
SARAH: Hello. I've got an appointment with Mrs Harding, at half past two.
DEREK: And what's your name, please?
SARAH: Sarah Weston.
DEREK: Oh yes. Just a moment. *(on the phone)* Sarah Weston is here for Caroline … Okay. Would you like to take a seat for a moment? Mrs Harding is on her way.
SARAH: Thank you.

A few minutes later

CAROLINE: Are you Sarah Weston?
SARAH: Yes …
CAROLINE: I'm Caroline Harding.
SARAH: Oh, pleased to meet you.
CAROLINE: How do you do? Let's go up to my office. The lift's this way …

Exercises

A2 What's the time? (1/2)

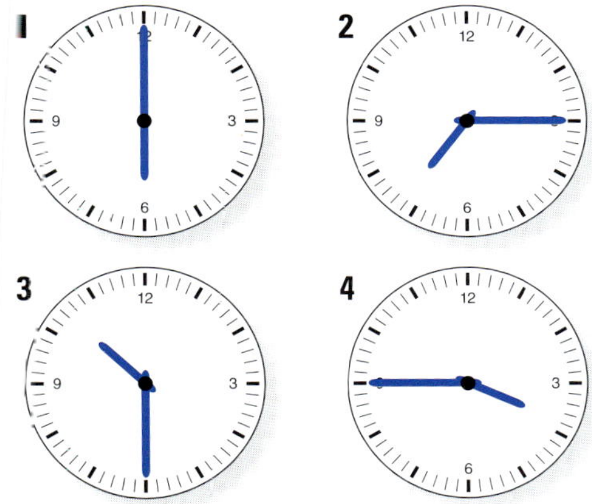

Ordnen Sie die Uhrzeiten den Uhren zu.

- ☐ It's half past ten.
- ☐ It's quarter past seven.
- ☐ It's six o'clock.
- ☐ It's quarter to four.

Hören Sie nun den Text auf der CD und überprüfen Sie Ihre Lösungen.

A3 (1/3)

Sehen Sie sich die Informationen in Zeile 1 an. Hören Sie den Beispieldialog.

	verabredet mit	Uhrzeit	Besucher/in
1	Mrs Harding	2.30	Sarah Weston
2	Paul Thornton	10.00	Ann Smith
3	The manager	3.15	Peter Green
4	Susan Carter	1.45	Norman Stone
5	Mr Pirelli	9.30	Mrs Harris

1
- ● Good afternoon. Can I help you?
- ■ *Hello. I've got an appointment with Mrs Harding, at half past two.*
- ● And what's your name, please?
- ■ *Sarah Weston.*
- ● Oh yes. Just a moment.

Sehen Sie sich nun die Informationen in den Zeilen 1–5 an und übernehmen Sie die Rolle des Besuchers bzw. der Besucherin.

Anredeformen

- *Ms* ([mɪz] oder [məz]) lautet die Anrede für Frauen, die weder *Miss* noch *Mrs* genannt werden möchten. Es wird häufiger im (formellen) Schriftverkehr verwendet als im gesprochenen Englisch.
- Unabhängig von der beruflichen Position ist es in vielen Firmen in Großbritannien und den USA üblich, dass Mitarbeiter sich beim Vornamen nennen, z. B. *Sarah Weston is here for Caroline.*

Begrüßungen

- *Good morning* wird vor 12 Uhr mittags benutzt. Nach 12 Uhr mittags heißt es *good afternoon. Good evening* benutzt man nach ca. 18 Uhr. Für „Guten Tag" gibt es im Englischen keine direkte Entsprechung.

Kurzformen von Verben

- Die Kurzformen, z. B. *I've*, *I'm* werden im gesprochenen und im nicht-formellen schriftlichen Englisch benutzt. Lange Verbformen, z. B. *I have, I am* sind formeller.

Die Uhrzeit

- 10.30 = *It's half past ten* (oder *It's ten thirty*). Beachten Sie: *half past eleven* entspricht also nicht dem deutschen „halb elf".
- 10.15 = *It's (a) quarter past ten* (oder *It's ten fifteen*). (Im amerikanischen Englisch auch … *quarter after ten.*)
- 10.45 = *It's (a) quarter to eleven* (oder *It's ten forty-five*). Im amerikanischen Englisch heißt es *It's a quarter of eleven.*

B1 (🔊 1/4)

Sarah Weston ist in Caroline Hardings Büro. Sie wird gleich mit dem Interview beginnen.

CAROLINE: Would you like a cup of coffee?
SARAH: Yes, please. Black, no sugar.
CAROLINE: Okay – here you are.
SARAH: Lovely … thanks very much.
CAROLINE: You're welcome.
SARAH: As you know, we're doing an article on travel companies with a difference. So, I'd like to ask you a few questions about …

Later
SARAH: … oh, and have you got your new brochure here?
CAROLINE: Yes, here's our general brochure and then we have this one over here.
(knock at the door)
PAUL: Caroline … oh sorry, you've got a visitor.
CAROLINE: That's okay. Sarah, this is Paul Thornton, our marketing manager. Paul, this is Sarah Weston, a journalist from *The Sunday News.*
PAUL: Oh, how do you do?
SARAH: How do you do?
CAROLINE: Have you got a few minutes, Paul?
PAUL: Yes, sure.
CAROLINE: Would you like to ask Paul a few questions about his work, Sarah?
Sarah: Yes … erm … can I ask you …

Exercises

B2 (1/5)

Sehen Sie sich Bild 1 an. Hören Sie den Beispieldialog.

1 a cup of coffee

4 a pizza

2 a cup of tea

5 a sandwich

3 a glass of water

6 a beer

1 ■ *Would you like a cup of coffee?*
● Yes, please.

Sehen Sie sich nun die Bilder 1–6 an und bieten Sie jemandem die abgebildeten Speisen und Getränke an.

B3 (1/6)

Sehen Sie sich die Informationen unten an. Hören Sie die zwei Beispiele.

Sie haben	**Sie haben nicht**
a computer	a teddy bear
a television	a goldfish
a video	a mobile phone
a dog	a garden

a mobile phone – *I haven't got a mobile phone.*
a television – *I've got a television.*

Sagen Sie nun, was Sie haben und was Sie nicht haben (auch wenn diese Behauptungen nicht tatsächlich auf Sie zutreffen!)

Jemandem etwas anbieten; etwas annehmen oder ablehnen

- *Would you like (a cup of coffee)?* Die Antwort lautet entweder *Yes, please* oder *No, thank you.* Achtung: *Thank you* allein (ohne *No*) wird als „Ja gerne" verstanden.
- Wenn man jemandem etwas überreicht, z. B. eine Tasse Kaffee, lautet der Wortwechsel meistens:
  A *Here you are.*
  B *Thanks/Thank you/ Thanks very much.*
  A *You're welcome.*

Have got

- Der Gebrauch von *have got* ist im gesprochenen und schriftlichen nicht-formellen Englisch weit verbreitet, z. B. *I've got the new brochure. Have you got the new brochure? I haven't got the new brochure.*
- Im amerikanischen Englisch wird *have* allein als normales Verb benutzt, z. B. *I have the new brochure. Do you have the new brochure? I don't have the new brochure.* Diese Formen werden zunehmend auch im britischen Englisch benutzt.

Entschuldigen

- *(I'm) sorry* (mit fallender Betonung) wird benutzt, um sich zu entschuldigen. Mögliche Antworten sind *That's okay/That's all right/ Never mind/Don't worry.*

Vorstellen

- Mit *this is* stellen Sie jemanden einer dritten Person vor, z. B. *Sarah, this is Paul Thornton, our marketing manager.*
- Die Standardbegrüßung beim formellen Vorstellen lautet A *How do you do?* – B *How do you do?* In weniger formellen Situationen, insbesondere unter jungen Leuten, ist *Hello* üblicher. Im amerikanischen Englisch sagt man oft *Hi* statt *Hello.*

C1 (🔊 1/7)

Sarah sprach mit Paul Thornton über *Travel Unlimited,* um mehr Informationen für ihren Artikel zu bekommen. Hier sind acht von Sarahs Fragen. Vervollständigen Sie sie mit *is, are, has* oder *have:*

1 *Have* you got any special holidays for disabled people?

2 _______ there a supplement for single rooms?

3 _______ the safari holidays in big groups?

4 _______ there a discount for groups?

5 _______ you got any activity or cultural holidays?

6 _______ all the holidays two weeks long?

7 _______ there any holidays for single people at Christmas and the New Year?

8 _______ your company got any new plans for next year?

Hören Sie den Text auf der CD und überprüfen Sie Ihre Lösungen, bevor Sie Sarahs Artikel lesen.

The Sunday News

Holidays with a difference!

BY SARAH WESTON

You'd like a special holiday – special for you! Where can you find it? Answer – *Travel Unlimited*. This travel company, with its head office in London, really is a company with a difference. I interviewed Caroline Harding, the public relations officer, and Paul Thornton, the marketing manager about their special holidays.

Travel Unlimited's holidays are different because they plan them for special groups of people – single people, senior citizens, families with children, disabled people and so on. They've also got some very interesting activity and cultural holidays in the UK and abroad. Their two-week safari holidays, in small groups of six, are very popular. Their holidays are one, two or a maximum of three weeks long – except the singles' Christmas and New Year holidays which are only four days.

Customer feedback is very positive – the customers are satisfied! They are very happy with the cost of the holidays, too. There are no supplements for single rooms and there's a 10 % discount for groups of eight people or more on all their holidays.

New for next year! Green holidays – for young people who would like to help protect the environment. For more information on *Travel Unlimited's* holidays please contact them: Tel. 0171–506 9332 or Fax 0171–506 7822

C2

Dies ist Sarah Westons Artikel in *The Sunday News.* Unterstreichen Sie alle Wörter, die Ihnen unbekannt sind, und suchen Sie sie aus der Übersetzung heraus, nachdem Sie den ganzen Text gelesen haben.

„Politisch korrekt" sein

- Heutzutage wird die Bezeichnung *senior citizen* als „politisch korrekt" und akzeptabler angesehen als die früher benutzte Bezeichnung *old-age pensioner.*
- Ebenso benutzt man die Bezeichnung *people with disabilities* (oder *the disabled*) lieber als *handicapped people.*

Feiertage an Weihnachten und Neujahr

- In Großbritannien sind der 25. und 26. Dezember Feiertage, genannt *Christmas Day* und *Boxing Day.* Die Hauptfeierlichkeiten finden am 25. Dezember statt, nicht am 24. Dezember *(Christmas Eve)*. Der 1. Januar ist ein Feiertag in Großbritannien.

Kurzantworten

- Es erscheint ziemlich kurz angebunden und unfreundlich, wenn man eine Frage mit den einzelnen Wörtern *Yes* oder *No* beantwortet. Stattdessen werden Kurzantworten benutzt, so wie *Yes, we have* oder *No, they aren't.*

Telefonnummern

- Beim Aussprechen von Telefonnummern ist 0 *oh* oder *zero*, 33 *double three.* Also sagt man für 0171–506 9332 *oh one seven one – five oh six – nine double three two.*

Telefonieren

- Wenn man in Großbritannien einen geschäftlichen Anruf entgegennimmt, so nennt man normalerweise den Firmennamen. Zu Hause ist es üblich, sich mit *Hello* zu melden.
- Der Anrufer/Die Anruferin meldet sich mit *This is (name).*

i

C3

Sie arbeiten für *Travel Unlimited.* Versehen Sie die richtigen Antworten auf Sarahs Fragen (s. **C1**) mit einem Häkchen.

1	☐ Yes, we have.	☐ No, we haven't.
2	☐ Yes, there is.	☐ No, there isn't.
3	☐ Yes, they are.	☐ No, they aren't.
4	☐ Yes, there is.	☐ No, there isn't.
5	☐ Yes, we have.	☐ No, we haven't.
6	☐ Yes, they are.	☐ No, they aren't.
7	☐ Yes, there are.	☐ No, there aren't.
8	☐ Yes, it has.	☐ No, it hasn't.

C4 (1/8)

Sie hören nun vier Anrufe bei *Travel Unlimited.* Hören Sie sich die Gespräche an. Notieren Sie die Namen der Anrufer, die Namen der Personen, mit denen die Anrufer sprechen möchten, sowie die Telefonnummern der Anrufer.

Travel Unlimited
Tel. 0171–506 9332

Today's telephone messages

Caller	For	Number:
① Mr Harding		
②		
③		
④		

D1 Die einfache Gegenwart: *to be*

Aussage	**Frage**	**Verneinung**
I'**m** **(am)** a journalist. You'**re** **(are)** a receptionist. He'**s** **(is)** a receptionist. She'**s** **(is)** a journalist. It'**s** **(is)** six o'clock.	**Am** I …? **Are** you …? **Is** he …? **Is** she …? **Is** it …?	I'**m not** … . You **aren't** … . He **isn't** … . She **isn't** … . It **isn't** … .
We'**re** **(are)** journalists. You'**re** **(are)** receptionists. They'**re** **(are)** journalists.	**Are** we …? **Are** you …? **Are** they…?	We **aren't** … . You **aren't** … . They **aren't** … .

Die Frageform wird gebildet, indem Subjekt und Verb umgestellt werden: *He's (is) English.* ➤ *Is he English?*
Die verneinte Form wird gebildet, indem man *n't (not)* an das Verb anfügt: *He isn't English.*
Beachten Sie: *not* kann in der ersten Person Singular nicht auf *n't* verkürzt werden: *I'm not English.* Diese Art der Verneinung existiert als Alternative auch für alle anderen Personen, wird jedoch seltener benutzt. Dennoch werden Sie es sicher auch einmal hören: *You're not … He's not …* etc.

D2

Vervollständigen Sie diese Sätze mit *am, is* oder *are.*

1 She ___is___ a receptionist.
2 I ________ in a single room.
3 Paul ________ the marketing manager.
4 You ________ a good receptionist.
5 Caroline and Sarah ________ in the office.
6 We ________ in a large group.
7 It ________ three o'clock.
8 You ________ senior citizens.

D3

Formen Sie die Sätze in Übung **D2** in Fragen um.

1 Is she a receptionist?
2 ____________
3 ____________
4 ____________
5 ____________
6 ____________
7 ____________
8 ____________

D4

Verneinen Sie die Sätze in Übung **D2**.

1 She isn't a receptionist.
2 ____________
3 ____________
4 ____________
5 ____________
6 ____________
7 ____________
8 ____________

D5 Die einfache Gegenwart: *have got*

Aussage	Frage	Verneinung
I**'ve (have) got** an appointment.	**Have** I **got** ...?	I **haven't got** ... .
You**'ve (have) got** a new job.	**Have** you **got** ...?	You **haven't got** ... .
He**'s (has) got** a new computer.	**Has** he **got** ...?	He **hasn't got** ... .
She**'s (has) got** a nice office.	**Has** she **got** ...?	She **hasn't got** ... .
It**'s (has) got** a big window.	**Has** it **got** ...?	It **hasn't got** ... .
We**'ve (have) got** a question.	**Have** we **got** ...?	We **haven't got** ... .
You**'ve (have) got** a new house.	**Have** you **got** ...?	You **haven't got** ... .
They**'ve (have) got** a car.	**Have** they **got** ...?	They **haven't got** ... .

Die Frageform wird gebildet, indem man das Subjekt und *have/has* umstellt:
She's (has) got a nice office. ➤ *Has she got a nice office?*
Die verneinte Form wird durch Anfügen von *n't (not)* an *have/has* gebildet: *She hasn't got a nice office.*

D6

Vervollständigen Sie diese Sätze, indem Sie die Aussage- (+) oder verneinten (–) Formen des Verbs *have got* benutzen.

1 Peter / new girlfriend (+)

Peter's got a new girlfriend.

2 Mr and Mrs Harding / BMW. (–)

____

3 The car / radio (+)

____

4 You / mobile phone (–)

____

5 I / bicycle (–)

____

6 The children / computer (–)

____

7 We / an old house (+)

____

8 Mrs Harding / a son (+)

____

D7

Formen Sie die Sätze in Übung **D6** in Fragen um.

1 *Has Peter got a new girlfriend?*

2 *Have Mr and Mrs Harding got a BMW?*

3 __________

4 __________

5 __________

6 __________

7 __________

8 __________

Vocabulary

E1

Kennen Sie die Zahlen 1–20?
Schreiben Sie sie neben die Wörter.

5 7 14 17 16 1 10 3 11 8 6 20 9 19 13 12 18 2 4 15

	eight		eighteen
	eleven		fifteen
	five		four
	fourteen		nine
	nineteen		one
	seven		seventeen
	six		sixteen
	ten		thirteen
	three		twelve
	twenty		two

E2 (1/9)

Hören und wiederholen Sie die Zahlen von 1–20.

E3 (1/10)

Hören Sie sich die Zahlen an. Kreisen Sie in jeder Zeile die Zahlen ein, die Sie hören.

a	1	2	3	4	5	6	7	8	9	10
b	11	12	13	14	15	16	17	18	19	20
c	6	7	8	9	10	11	12	13	14	15
d	2	4	6	8	10	12	14	16	18	20
e	1	3	5	7	9	11	13	15	17	19
f	1	2	3	10	11	12	16	17	18	20

E4 (1/11)

Notieren Sie (in Ziffern) die Zahlen, die Sie hören.

Speaking

E5 (1/12)

Bearbeiten Sie die mündlichen Übungen auf Ihrer CD.

Writing

E6 (1/13)

Sie werden jetzt ein Diktat schreiben. Lesen Sie zunächst die Dialoge A und B sowie Sarahs Artikel, um sich an die wichtigen Wörter zu erinnern.
Hören Sie sich das Diktat so oft wie nötig an. Überprüfen Sie Ihren Text anhand des Schlüssels. So fängt das Diktat an:

Sarah is a journalist. …

F1 Useful expressions

In dieser Lektion haben Sie folgende Redewendungen geübt:

Begrüßungen
Hello.
Good afternoon.
Pleased to meet you.
How do you do?

Sich selbst und andere vorstellen
I'm Caroline Harding.
This is Paul Thornton, our marketing manager.

Hilfe anbieten
Can I help you?

Nach Informationen fragen und Informationen geben
What's your name, please? – Sarah Weston.
Are you Sarah Weston? – Yes, I am.
Have you got your new brochure here? – Yes, I have.

Jemandem etwas anbieten; etwas annehmen oder ablehnen
Would you like a cup of coffee? – Yes, please./No, thank you.

Vorschläge machen
Let's go up to my office.

Sich bedanken; auf Dank reagieren
Thanks very much. – You're welcome.

Sich entschuldigen und Entschuldigungen annehmen
Sorry. – That's okay.

Die Zeit angeben
What's the time? – It's six o'clock.
It's quarter past six.
It's half past six.
It's quarter to seven.

Telefonnummern

oh	0,	one	1,	two	2,	three	3,
four	4,	five	5,	six	6,	seven	7,
eight	8,	nine	9,	double three	33		

F2 Extra vocabulary (1/14)

Hören Sie die zusätzlichen Vokabeln auf Ihrer CD, damit Sie wissen, wie die Wörter ausgesprochen werden.

I'm a	*Ich bin*
marketing manager	*Marketingleiter/in*
receptionist	*Rezeptionist/in*
secretary	*Sekretär/in*
accountant	*Buchhalter/in*
personal assistant	*persönliche/r Assistent/in*
managing director	*Geschäftsführer/in*
civil servant	*Beamter/Beamte*
financial adviser	*finanzielle/r Berater/in*
clerk.	*Sachbearbeiter/in.*
I've got	*Ich habe*
an appointment	*einen Termin*
a meeting	*eine Sitzung*
an interview.	*ein Vorstellungsgespräch.*
I work for	*Ich arbeite für*
a bank	*eine Bank*
a building society	*eine Bausparkasse*
a travel company	*ein Reiseunternehmen*
an insurance company	*eine Versicherungsgesellschaft*
an advertising company	*ein Werbeunternehmen*
a marketing company.	*eine Vertriebsgesellschaft/ Marketingfirma.*
Has the hotel got	*Hat das Hotel*
a single room?	*ein Einzelzimmer*
a double room?	*ein Doppelzimmer (mit französischem Bett)*
a twin room?	*ein Doppelzimmer (mit zwei Einzelbetten)*
a family room?	*ein Familienzimmer?*

F3 Conversation (1/15)

Hören Sie die Anleitungen auf der CD und nehmen Sie am Gespräch teil.

Lektion 2

You and your job

A1 (1/16)

Paul Thornton isst mit einer alten Freundin aus Universitätszeiten in einem Pub zu Mittag. Sie haben sich seit etwa zehn Jahren nicht gesehen.

MONICA: … and that's enough about my job, what about you?
PAUL: Just a minute … first things first … would you like another drink? Another beer?
MONICA: Yes, just a half please.

(…)
PAUL: Here you are.
MONICA: Thanks, Paul. Cheers!
PAUL: Cheers!
MONICA: Are you still at the bank?
PAUL: No, I'm not.
MONICA: Oh , where do you work now?
PAUL: I work for a travel company, *Travel Unlimited.*
MONICA: Really! What do you do there?
PAUL: I'm the marketing manager.
MONICA: Oh, do you travel a lot then?
PAUL: Yes, I do. I enjoy going to new places, my next trip's to Japan.
MONICA: Oh? *(surprised)* Do you speak Japanese then?
PAUL: No, I don't. But our contact there is bilingual, her mother's English.
MONICA: I've got a friend with a Japanese husband. They live near Tokyo.

Exercises

A2 (1/17)

Hören Sie diesen kurzen Dialog. Dann übernehmen Sie den *kursiv* gekennzeichneten Teil und stellen die Fragen.

1	the bank
2	the travel company
3	Lufthansa
4	Siemens
5	the computer company

1 ▪ *Are you still at the bank?*
● No, I'm not.
▪ *Where do you work now?*
● I work for a travel company.

A3 (1/18)

Sprechen Sie die Dialoge jetzt noch einmal. Dieses Mal beantworten Sie die Fragen. Hören Sie sich das Beispiel an.

1	a travel company
2	Lufthansa
3	Siemens
4	a computer company
5	a bank

1 ● Are you still at the bank?
▪ *No, I'm not.*
● Where do you work now?
▪ *I work for a travel company.*

Pubs

Es gibt viele verschiedene Arten von Pubs mit einem reichhaltigen Angebot. Die meisten Pubs bieten *bar lunches* (*Sandwiches* und heiße Snacks) an und viele haben einen getrennten Restaurantbereich, wo man zu Mittag und zu Abend essen kann. Es ist vollkommen in Ordnung, einen *soft drink* (nicht-alkoholisches Getränk) zu bestellen, wenn Sie keinen Alkohol trinken möchten, und viele Pubs schenken Kaffee aus. Die früher strengen Öffnungszeiten für Pubs gelten nicht mehr, und viele Pubs sind jeden Tag von 11 Uhr morgens bis 11 Uhr abends geöffnet.

Bier

Die Hauptsorten des englischen Biers sind das *bitter* (ein leicht bitter schmeckendes Bier mit weniger Kohlensäure) und *lager* (ein helleres Bier, wie man es in Deutschland kennt). Man kann auch ein *shandy* trinken (eine Mischung aus Bier und Limonade = Alsterwasser/Radler). All diese Sorten werden entweder in *pints* oder *half pints* bestellt (*1 pint* = etwas mehr als ein halber Liter).

Would you like ...? I'd like ...

- Wenn wir jemanden auf einen Drink einladen, sagen wir *Would you like to have a drink?* Die Antwort lautet entweder *Yes, please. I'd like (a shandy/ an orange juice) please* oder *No, thank you. Not just now/I'm OK for the moment, thanks/ Later, perhaps.*
- Die ausführliche Form von *I'd like …* lautet *I would like …*
- *Cheers!* (Prost!) sagt man vor dem Trinken eines alkoholhaltigen Getränks.

Erwiderungen, die Interesse bekunden

- Wenn wir jemandem zuhören, können wir durch bestimmte Ausdrücke Interesse bekunden und unsere/n Gesprächspartner/in ermutigen, weiterzusprechen, z.B. *Really!/Oh?/Oh yes.*

B1 (🔊 1/19)

Paul ist jetzt wieder in seinem Büro. Er spricht mit Caroline Harding, der Referentin für Öffentlichkeitsarbeit.

CAROLINE: Nice lunch, Paul?
PAUL: Yes, … with an old university friend, Monica.
CAROLINE: Oh yes.
PAUL: Yes, she's got a very interesting job.
CAROLINE: What does she do?
PAUL: She works for an organization called *World Matters.*
CAROLINE: What sort of organization is that?
PAUL: Well, they send people all over the world. They do a lot of work for the environment.
CAROLINE: Does Monica work abroad then?
PAUL: Yes, she does. She's on a project in Brazil.
CAROLINE: Does she like working there?
PAUL: Yes, she does. And I've got an idea, Caroline. You know our plans for green holidays …
CAROLINE: Yes …
PAUL: Well, how about working with an organization like *World Matters?*
CAROLINE: Mm … now that's a good idea, Paul. Why don't you talk to …

Exercises

B2 (🔊 1/20)

Hören Sie sich den Beispieldialog (Nr. 1) an.

1	Janet	bank	Oxford
2	John	travel company	London
3	Christine	computer company	Brazil
4	Peter	marketing company	New York

1 ● What does Janet do?
■ *She works for a bank.*
● Does she work in London?
■ *No, she doesn't.*

Sehen Sie sich jetzt die Informationen 1–4 an und nehmen Sie an den Dialogen teil.

B3 (🔊 1/21)

Hören Sie sich den Beispieldialog (Nr. 1) an.

		computer company	Geneva
1	Steve	hotel	Hamburg
2	Peter	marketing company	London
3	Alice	1 newspaper	New York
4	Catherine	television company	Paris
		video company	1 Tokyo

1 ■ *What does Steve do?*
● He works for a newspaper.
■ *Where does he work?*
● He works in Tokyo.

Stellen Sie nun die Fragen und tragen Sie die Zahlen 2–4 in die richtigen Kästchen ein.

enjoy/like going

- Beachten Sie, dass auf *like* ein zweites Verb in der *-ing*-Form folgt, z. B. *Does she like working here?* Auch auf das Verb *enjoy* folgt die *-ing*-Form eines weiteren Verbs, z. B. *I enjoy playing tennis/ I like learning English.*

Abgekürzte Fragen

- Im nicht-formellen gesprochenen Englisch wird die vollständige Frageform oft verkürzt, wie in *Nice lunch?* Die ansteigende Satzmelodie zeigt, dass es sich um eine Frage handelt.

Schreibweisen im amerikanischen und britischen Englisch

- Das britische Englisch hat jetzt die amerikanische Schreibweise von *organize/ organization* (mit einem ‚z') übernommen, obwohl man auch die alternative britische Schreibweise *organise/ organisation* (mit einem ‚s') noch antrifft.

What sort of …?

- Diese Frage ist im Englischen sehr verbreitet und wird benutzt, um nach präziseren Informationen zu fragen, z. B. *What sort of organization is that?*

Vorschläge machen

- Im Englischen werden Vorschläge oft mit *How about …?* eingeleitet, z. B. *How about working with an organization like World Matters?* Die Antwort lautet *That's a good idea* oder *I don't think that's a (very) good idea.*
- Wir kommen normalerweise einem Vorschlag zuvor, indem wir zuerst, eher ungezwungen, mit *You know …* das Thema anschneiden, z. B. *You know our plans for green holidays …*

friend

- Beachten Sie, dass *friend* im Englischen ein freundschaftliches Verhältnis bezeichnet, z. B. *I've got a friend with a Japanese husband.* Eine partnerschaftliche Beziehung wird durch Verwendung von *boyfriend* (Freund) oder *girlfriend* (Freundin) bzw. *partner* (Partner/in) ausgedrückt.

C1

Dies ist ein Brief von Simon Clark an *World Matters.* Lesen Sie den Brief und beantworten Sie dann die folgenden Fragen.

1 Wie alt ist Simon? ____________________
2 Was hat er (an der Universität) studiert?

____

3 Wo arbeitet er jetzt? ____________________

____

4 Wohin würde er gern fahren?

____

5 Für wie lange würde er gerne dorthin fahren? ____________________
6 Was möchte er gern von *World Matters* geschickt bekommen? ____________________

____

14 Oak Road
Poole
Dorset BH18 3NI
22.11.98

World Matters
169 High Street
Putney
London SW15 3PB

Dear Sir/Madam,

I am interested in the environment and would like to know more about your projects in South America.
I am twenty-three years old. I have got a degree in geography and I speak Spanish. At the moment I work for a computer company, but I would like to take a year off and work abroad. Is it possible to work on a project with World Matters for a year, or are all your contracts longer than that? I'd like to go to Mexico to be a volunteer for a year on an environmental project.
Could you please send me your brochure and an application form? I look forward to hearing from you.

Yours faithfully,
Simon Clark
Simon Clark

30 Portland Avenue
Saffron Walden
Essex CB11 7AL
Tel. 01799-564223

Travel Unlimited
169 Tottenham Court Road
London WC1 3YT

(1) __________ Sir/Madam,
(2) ____________________ your 'green holidays'. (3) ____________________ your brochure for next year? I (4) __________ a bank and have two weeks holiday in the summer. (5) ____________________ have a 'green holiday' for two weeks in July or August? (I would like to go to Portugal, Spain or Brazil, if possible.)
I (6) ____________________ hearing from you.

(7) ____________________
Susan Downes
Susan Downes

C2

Susan Downes schreibt an *Travel Unlimited* und bittet um einige Informationen. Tragen Sie das heutige Datum ein und vervollständigen Sie für Susan den Rest des Briefes mit den Ausdrücken unten. Achten Sie wo es nötig ist auf die Großschreibung.

look forward to • yours faithfully • dear • I am interested in • is it possible to • could you please send me • work for

Formaler Aufbau von Briefen

- Beachten Sie die Position der Adresse des Absenders, des Datums sowie der Adresse des Empfängers in einem formellen Brief ohne vorgegebenen Briefkopf.
- Es kann sein, dass Sie das Datum in verschiedenen Schreibweisen antreffen, z. B. *November 22 1998*, *22.11.98.* Beachten Sie beim letzten Fall, dass im amerikanischen Englisch der Monat zuerst geschrieben wird, z. B. *11.23. 98 = November 23 1998.*
- In einem Brief verlangt die Anrede *Dear Sir/Madam* die Schlussformel *Yours faithfully* im britischen Englisch (und *Yours truly* im amerikanischen Englisch). Wird der/die Empfänger/in in der Anrede namentlich genannt, z. B. *Dear Ms Brown,* beendet man einen in britischem Englisch verfassten Brief mit *Yours sincerely,* einen in amerikanischem Englisch verfassten mit *Sincerely yours.*
- In Geschäftsbriefen wird in Großbritannien der volle Name unter die Unterschrift gesetzt. Die berufliche Position des Verfassers innerhalb der Firma wird ebenfalls angegeben, z. B. *Paul Thornton, Marketing Manager.*
- Beachten Sie, dass man den Hauptteil eines Briefes oft mit der Redewendung *I look forward to …ing*, z. B. *I look forward to hearing from you* (nicht ~~*I look forward to hear*~~ …) abschließt.

C3 (1/22)

Hören Sie sich die Telefonnachricht an. Sind die Sätze 1–7 zutreffend *(T = true)* oder falsch *(F = false)*? Lesen Sie alle Sätze, bevor Sie sich das Gespräch anhören.

1 Susan has got a telephone answering machine. *T*

2 The phone call is from Susan Downes.

3 The phone call is from *Travel Unlimited.*

4 *Travel Unlimited* have got Susan's letter.

5 'Green holidays' are two weeks long.

6 Four weeks is the minimum for a 'green holiday'.

7 *Travel Unlimited* asks Susan to fax them.

8 What is *Travel Unlimited's* phone number?

____

D1 Die einfache Gegenwart

Aussage	Frage	Verneinung
I **work** abroad. You **travel** a lot. He **works** abroad. She **travels** a lot. It **costs** a lot.	**Do** I **work** …? **Do** you **travel** …? **Does** he **work** …? **Does** she **travel** …? **Does** it **cost** …?	I **don't work** … You **don't travel** … He **doesn't work** … She **doesn't travel** … It **doesn't cost** …
We **send** people to Mexico. You **work** a lot. They **like** the project.	**Do** we **send** …? **Do** you **work** …? **Do** they **like** …?	We **don't send** … You **don't work** … They **don't like** …

In der dritten Person Singular *he/she/it* wird an das Verb ein ‚s' angehängt: *he likes, she works, it costs.* Bei allen anderen Personen bleibt das Verb unverändert – kein ‚s'.
Eine Frage wird mit *do* bzw. in der dritten Person Singular mit *does* + Subjekt + Infinitiv gebildet:

	Do	you	live	in London?
Where	**does**	she	work?	

Die Verneinung erfolgt mit *don't/doesn't* + Infinitiv:

They	**don't**	work	in a bank.
He	**doesn't**	like	the project.

D2

Vervollständigen Sie diese Sätze mit der Aussageform des Verbs in Klammern.

1 Paul *(travel)* travels a lot in his job.

2 I *(speak)* ________ Japanese.

3 We *(work)* ________ for a computer company.

4 You *(know)* ________ a lot about the project.

5 The receptionist *(speak)* ________ Spanish and English.

6 Mr and Mrs Harding *(live)* ________ in a flat.

7 My company *(send)* ________ people to the USA.

8 Caroline *(travel)* ________ a lot in her job.

D3

Formen Sie die Sätze in Übung **D2** in Fragen um.

1 Does Paul travel a lot?

2 ________

3 ________

4 ________

5 ________

6 ________

7 ________

8 ________

D4

Verneinen Sie die Sätze in Übung **D2.**

1 Paul doesn't travel a lot in his job.

2 ________

3 ______________________
4 ______________________
5 ______________________
6 ______________________
7 ______________________
8 ______________________

D5 Kurzantworten

Frage	Kurzantwort
Do you work in London?	Yes, I **do.**/No, I **don't.**
Does she work in London?	Yes, she **does.**/No, she **doesn't.**
Is this your brochure?	Yes, it **is.**/No, it **isn't.**
Are they here?	Yes, they **are.**/No, they **aren't.**
Am I in a single room?	Yes, you **are.**/No, you **aren't.**
Has he got a BMW?	Yes, he **has.**/No, he **hasn't.**
Have we got his address?	Yes, we **have.**/No, we **haven't.**

In Kurzantworten folgt auf *yes* oder *no* das passende Pronomen (*you, he* etc.). Das Verb der Frage wird aufgegriffen und in die Aussageform bzw. verneinte Form gesetzt.

D6

Schreiben Sie Kurzantworten zu diesen Fragen.

1 Do you live in London?
(–) *No, I don't.*
2 Are the holidays two weeks long?
(+) *Yes, they are.*
3 Is it half past three?
(–) ______________________
4 Have they got a computer?
(+) ______________________
5 Does Jane travel a lot in her job?
(–) ______________________
6 Has Monica got an interesting job?
(+) ______________________
7 Do they speak Japanese?
(–) ______________________
8 Do you work for a travel company?
(+) ______________________

D7

Geben Sie nun selbst Antwort auf die folgenden Fragen. Benutzen Sie wieder die Kurzantworten.

1 Do you live in north Germany?
____
2 Is it the weekend now?
____
3 Have you got a computer at home?
____
4 Have you got an interesting job?
____
5 Do you speak Italian?
____
6 Do you work for a German company?
____

Vocabulary

E1

Kennen Sie die Monatsnamen?
Nummerieren Sie sie von 1–12.

	July		June
1	January		February
	November		December
	March		May
	September		April
	August		October

E2 (1/23)

Hören Sie nun den Text auf der CD und wiederholen Sie die Monatsnamen.

E3 (1/24)

Hören Sie den Text auf CD und kreisen Sie pro Zeile die zwei Monatsnamen an, die Sie hören.

1 July June January

2 February November December

3 March May September

4 April August October

E4 (1/25)

Hören Sie den Text auf der CD und wiederholen Sie die Ordinalzahlen von 1. bis 20.

1st	first	**2nd**	second
3rd	third	**4th**	fourth
5th	fifth	**6th**	sixth
7th	seventh	**8th**	eighth
9th	ninth	**10th**	tenth
11th	eleventh	**12th**	twelfth
13th	thirteenth	**14th**	fourteenth
15th	fifteenth	**16th**	sixteenth
17th	seventeenth	**18th**	eighteenth
19th	nineteenth	**20th**	twentieth

Fahren Sie nun fort bis zum Ende des Monats.

21st 22nd 23rd 24th 25th 26th 27th
28th 29th 30th 31st

E5 (1/26)

Hören Sie sich die sechs Daten an.
Nummerieren Sie die Daten von 1–6 in der Reihenfolge, in der Sie sie hören.

	April 5th		
	June 15th		
	April 6th		March 30th
	May 20th		July 1st
	April 15th		May 30th
	July 15th		April 16th

Beachten Sie, dass es notwendig ist, *the* zu sprechen, obwohl es beim geschriebenen Datum nicht erscheint.

Speaking

E6 (1/27)

Bearbeiten Sie die mündlichen Übungen auf Ihrer CD.

Writing

E7 (1/28)

Sie werden jetzt ein Diktat schreiben. Lesen Sie zunächst die Dialoge A und B, um sich an die wichtigen Wörter zu erinnern. Hören Sie sich das Diktat so oft wie nötig an. Überprüfen Sie Ihren Text anhand des Schlüssels.
So fängt das Diktat an:

Paul works for …

F1 Useful expressions

In dieser Lektion haben Sie folgende Redewendungen geübt:

Das Gesprächsthema wechseln
... and that's enough about my job. What about you?

Einen Themenwechsel hinauszögern
Just a minute ... first things first.

Jemandem etwas anbieten; etwas annehmen oder ablehnen
Would you like another drink? Another beer?
– Yes, just a half, please./No, thank you. Not just now.

Jemandem etwas übergeben und Dank ausdrücken
Here you are. – Thanks./Thank you.

Etwas trinken
Cheers! – Cheers!

Nach Informationen fragen und Informationen geben
Where do you work now? – I work for a travel company.
What does she do? – She works for an organization called *World Matters.*
Does she work abroad? – Yes, she does./No, she doesn't.

Nach zusätzlichen Informationen fragen
What sort of organization is that?

Vorlieben ausdrücken
I enjoy going to new places.
She likes working in Brazil.

Interesse zeigen an dem, was der/die Gesprächspartner/in gerade sagt
I've got a new job. – Oh./Oh yes./Yes./Mm. (mit passender Satzmelodie!)

Erstaunen ausdrücken
My next trip's to Japan. – Really!/Oh? (mit steigender Satzmelodie)

Vorschläge machen
What about working with *World Matters?*
Why don't you talk to her about it?

Zustimmung ausdrücken
Mm – now that's a good idea.

F2 Extra vocabulary (1/29)

Hören Sie die zusätzlichen Vokabeln auf Ihrer CD, damit Sie wissen, wie die Wörter ausgesprochen werden.

Her next trip's to Japan.	*Ihre nächste Reise geht nach Japan.*
She's got a Japanese husband.	*Sie hat einen japanischen Ehemann.*
China – Chinese	*China – chinesisch*
Portugal – Portuguese	*Portugal – portugiesisch*
Vietnam – Vietnamese	*Vietnam – vietnamesisch*
Germany – German	*Deutschland – deutsch*
America – American	*Amerika – amerikanisch*
Canada – Canadian	*Kanada – kanadisch*
Brazil – Brazilian	*Brasilien – brasilianisch*
Mexico – Mexican	*Mexiko – mexikanisch*
England – English	*England – englisch*
Britain – British	*Britannien – britisch*
Spain – Spanish	*Spanien – spanisch*
Sweden – Swedish	*Schweden – schwedisch*
Ireland – Irish	*Irland – irisch*
What's the date today?	*Was für ein Datum haben wir heute?*
November 22nd:	*22. November:*
It's November the twenty-second.	*Heute ist der 22. November.*
It's the twenty-second of November.	
March 5th:	*5. März:*
It's March the fifth.	*Heute ist der 5. März.*
It's the fifth of March.	
August 31st:	*31. August:*
It's August the thirty-first.	*Heute ist der 31. August.*
It's the thirty-first of August.	

F3 Conversation (1/30)

Hören Sie die Anleitungen auf der CD und nehmen Sie am Gespräch teil.

Lektion 3

An interview for a job

A1 (1/31)

Ein junger Mann namens Mike Davis ist an der ausgeschriebenen Stelle eines Nachwuchs-Vertriebsleiters bei *Travel Unlimited* interessiert. Er ruft *Travel Unlimited* an.

DEREK: 5069332, Travel Unlimited. Can I help you?
MIKE: Good morning. I'd like to ask about the job in the newspaper today – a trainee marketing manager.
DEREK: Right, I'll put you through to our personnel department. Hold the line, please.
(music)
DEREK: I'm sorry, the line's busy at the moment. Do you want to hold?
MIKE: Erm, yes … okay.
(music)
DEREK: Hello … I can put you through now.
SECRETARY: Hello, sorry to keep you waiting. I understand you're interested in the job.
MIKE: Yes … can you tell me …

… okay. Can you send me an application form, please?
SECRETARY: Certainly. Can I have your name and address, please?
MIKE: It's Mike Davis, and the address is 31 Bradleigh, that's B R A D L E I G H, Bradleigh Avenue, Wimbledon SW19 5JG.
SECRETARY: SW19 5JG. Okay. I'll put it in the post this afternoon.
MIKE: Thank you. Goodbye.
SECRETARY: Goodbye.

Exercises

A2 (🔊 1/32)

Sehen Sie sich Dialog A an und lesen Sie Dereks Dialogteil laut. Beginnen Sie mit *5069332*, sobald sich jemand meldet.

Lesen Sie nun den Dialogteil der Sekretärin laut. Beginnen Sie, nachdem Derek gesagt hat: *Hello, I can put you through now.*

A3 (🔊 1/33)

Sehen Sie sich die Informationen oben rechts an. Hören Sie den Beispieldialog.

Travel Unlimited	phone 5069332
	fax 5067822
Sarah Weston	phone 6609632
Paul Thornton	phone 388450
Max Hueber Verlag	phone 96020
	fax 9602358

- ● What's Travel Unlimited's phone number?
- ■ *It's 5069332.*
- ● 5069332 – thanks.

Nehmen Sie nun an den Dialogen teil.

Sich auf eine Stelle bewerben

- In Stellenanzeigen in Großbritannien ist es durchaus üblich, dass Bewerber gebeten werden, Informationen und Bewerbungsformulare telefonisch und nicht schriftlich anzufordern.

Sprechen am Telefon

- Nützliche Redewendungen für die Arbeit in der Telefonzentrale oder Sekretärinnen: *I'll put you through to …* (Beachten Sie, dass *I'll* die Kurzform für *I will* darstellt und auf die unmittelbare Zukunft verweist.) *I can put you through now. Hold the line, please. I'm sorry, the line's busy at the moment. Do you want to hold?*

Adressen

- Beachten Sie, dass in Großbritannien die Hausnummer vor dem Straßennamen steht, z.B. *31, Bradleigh Avenue*, und die Postleitzahl hinter dem Namen der Stadt.

interested in

- Beachten Sie, dass nach *interested* die Präposition *in* steht, z.B. *I'm interested in the job.*

B1 (🔊 1/34)

Die Sekretärin in der Personalabteilung von *Travel Unlimited* ruft Mike an, um ein Vorstellungsgespräch zu vereinbaren.

MIKE: 7214449. Hello.
SECRETARY: Hello. This is Travel Unlimited. Can I speak to Mike Davis, please?
MIKE: Speaking.
SECRETARY: Oh, hello. It's about your application for the job. We've got your form. Can you come for an interview next week – on Wednesday or Thursday?
MIKE: I can't manage Wednesday, I'm afraid. But Thursday's okay – in the afternoon?
SECRETARY: Yes – what about three o'clock?
MIKE: Yes, that's fine.
SECRETARY: We're in the Concorde Building, 169 Tottenham Court Road. There are two entrances, but there's a problem with the main entrance at the moment … building works. Turn right at the corner, and come in the side entrance in Shipley Street. We're on the fifth floor.
MIKE: Are there any parking spaces near your offices?
SECRETARY: No, not in Shipley Street, but there are always some spaces in the multi-storey car park.
MIKE: Okay, thank you.
SECRETARY: Good. See you on Thursday at three, then. Goodbye.
MIKE: Goodbye.

Exercises

B2 (1/35)

Sehen Sie sich die Stichworte an. Hören Sie den Beispieldialog.

1	Travel Unlimited / Mike Davis
2	Mike Davis / your personnel manager
3	Sarah Weston / Paul Thornton
4	Paul Thornton / Caroline Harding
5	Caroline Harding / Mike Davis

1 ● 7214449. Hello.
■ *Hello, this is Travel Unlimited. Can I speak to Mike Davis, please?*
● Speaking.

Nehmen Sie nun an den Dialogen teil.

B3 (1/36)

Sehen Sie sich nun unten die Informationen hinsichtlich Ihrer verfügbaren Termine in der nächsten Woche an. Hören Sie den Beispieldialog.

● Can we meet on Monday, but not in the morning?
■ *Yes, what about Monday afternoon at three?*
● That's fine. See you then.

Nehmen Sie nun an den Dialogen teil.

The times when you are free next week (x = you are not free):

	MONDAY	TUESDAY	WEDNESDAY	THURSDAY	FRIDAY
morning	11 am	x	10 am	9 am	x
afternoon	3 pm	x	3 pm	x	4 pm
evening	x	7 pm	6 pm	8 pm	7 pm

Telefonieren im Beruf

- Wenn Sie anrufen, denken Sie daran, sich mit *This is* … zu melden, um sich oder Ihre Firma namentlich vorzustellen.
- In Großbritannien ist es üblich, soweit bekannt, den Vor- und Nachnamen zu nennen, wenn man darum bittet, mit jemandem am Telefon sprechen zu können: *Can I speak to Mike Davis, please?* (eher als *Mr Davis*). Beachten Sie, dass seine Antwort *Speaking* (= Am Apparat) lautet.

Zeitangaben für Termine

- *am* ist die Abkürzung für *ante meridiem* (vor Mittag) und *pm* ist die Abkürzung für *post meridiem* (nach Mittag).
- Die 24-Stunden-Uhr benutzt man normalerweise, wenn man sich auf Fahrpläne bezieht. In Situationen wie in diesem Dialog benutzt man die 12-Stunden-Uhr: der Termin ist um *three o'clock (in the afternoon)*. Beachten Sie, dass man entweder *3 o'clock in the afternoon* oder *3 pm* sagen kann, aber nicht *3 o'clock pm*.

The fifth floor

- In Großbritannien nennt man das Erdgeschoss *the ground floor*. In den USA nennt man das Erdgeschoss allerdings *first floor*. Daher entspricht der *fifth floor* im britischen Englisch dem *sixth floor* im amerikanischen Englisch.
- Beachten Sie den Gebrauch der Präposition *on*, z. B. *on the fifth floor*.

C1

Lesen Sie diesen Brief von Mike an einen seiner Freunde in Manchester. Nummerieren Sie die Straßenschilder 1–6, so dass sie den Hinweisen in seinem Brief entsprechen.

Dear Tony,

Just a very quick note - I must leave soon to go for an interview this afternoon. I hope first-class post gets this letter to you before you leave on Saturday! I can't draw maps so this is how you get to my place:

- *come out of the station*
- *❶ turn left*
- *go ❷ straight on for a couple of minutes*
- *❸ turn right at the second set of ❹ traffic lights*
- *walk past two ❺ junctions on your left*
- *then turn right at the ❻ crossroads and you're in Bradleigh Avenue*
- *my house is the third house on your right, number 31*

I hope you don't get lost. If there are any problems, just call me (0181–721 44 49).
More news on Saturday. Looking forward to seeing you.

All the best,
Mike

Sehen Sie sich diese Karte mit den Straßen in der Nähe von Mikes Haus an. Können Sie Mikes Haus finden, obwohl die Straßennamen fehlen?

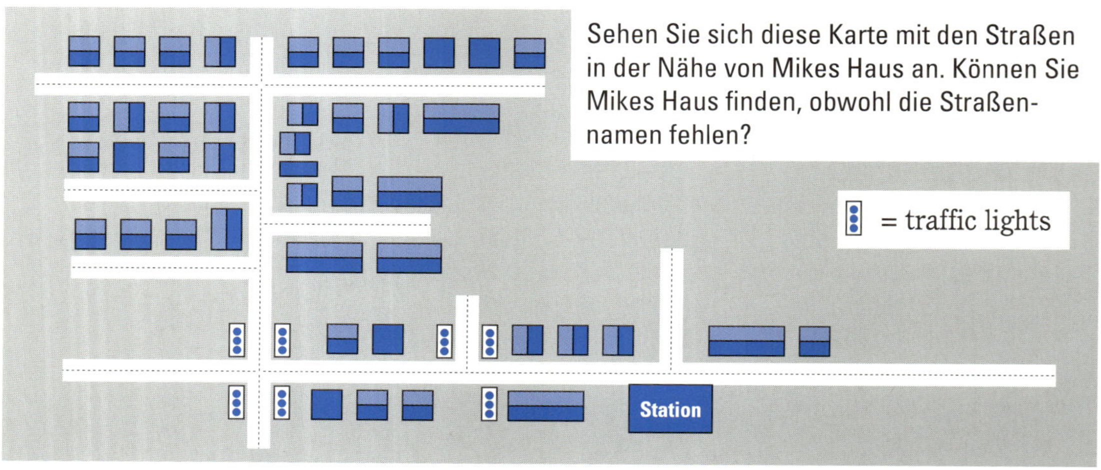

Wie man nach dem Weg fragt

- Denken Sie daran, mit *Excuse me* zu beginnen, wenn Sie einen Fremden auf der Straße nach dem Weg fragen: *Excuse me, could you tell me the way to …, please?/Excuse me, is this the way to …?/Excuse me, where's the nearest …?/Excuse me, how do I get to … from here?*
- Beenden Sie die Unterhaltung höflich, nachdem man Ihnen die Wegbeschreibung gegeben hat, z. B.
  A: *Thank you (very much).*
  B: *You're welcome./ Not at all.*

Präpositionen

- Beachten Sie den Gebrauch folgender Präpositionen im Englischen: *on the/your right, in Bradleigh Avenue, at the traffic lights, for a couple of minutes.*

C2

Notieren Sie die Anweisungen, wie man von Mikes Haus zurück zum Bahnhof kommt. Halten Sie die Notizen so kurz wie möglich. Benutzen Sie diese Wörter in der gegebenen Reihenfolge:

out • house • left • left crossroads • straight on • traffic lights • left • junction your left • station • right

C3 (1/37)

Mike hat in der nächsten Woche viele Termine. Leider haben andere Leute seine Pläne durcheinander gebracht. Hören Sie die Mitteilungen auf seinem Anrufbeantworter und nehmen Sie hier alle Änderungen vor:

Next week!

Tues doctor 11 am
Wed Interview!
3 pm
169 Tottenham Court Rd.
5th floor
Thurs phone go Travel 369221
re. holiday offer
21.7. – 8.8.
Fri dinner with Anna
8 pm La Piazza
Sat party at Jim's
7 pm train
from station, turn right
walk past one junction
turn left at crossroads
no. 76

D1 Can/can't

Aussage	Frage	Verneinung
I/You **can** ask him. She/We **can** meet him.	**Can** I/you ask him? **Can** she/we meet him?	I/You **can't** ask him. She/We **can't** meet him.

Can und *can't* bleiben für alle Personen immer gleich.

D2

Schreiben Sie Aussagesätze (+), verneinte Sätze (–) oder Fragen (?) über Mike Davis mit *can* oder *can't*.

1 speak English (+)

He ______

2 drive (–)

______

3 speak French (?)

______

4 ski (?)

______

5 use a computer (+)

______

6 yodel (–)

______

D3 Frageformen

Verb	Frage
have got	**Has he got** a car?
is	**Is he** English?
can	**Can he** drive?
would like	**Would he like** a coffee?
smoke	**Does he smoke?**

Die Frageformen von *have got, am/is/are, can* und *would like* werden durch Umstellung von Verb und Personalpronomen gebildet. Die Frageform anderer Verben wird in der einfachen Gegenwart gebildet, indem man *do* oder *does* (vgl. Seite 28) benutzt.

D4

Vervollständigen Sie die Fragen über Mike. Benutzen Sie jede der im Grammatikkästchen **D3** aufgeführten Frageformen zweimal.

1 Does he live in Manchester?
2 ______ a job?
3 ______ to work in a bank?
4 ______ speak Italian?
5 ______ Scottish?
6 ______ to be a teacher?
7 ______ drive?
8 ______ know the Concorde building?
9 ______ a computer at home?
10 ______ a marketing manager?

D5

Wie lauten die verneinten Kurzantworten auf die Fragen 1–5 in Übung **D4**?

1 ______
2 ______
3 ______
4 ______
5 ______

D6 There is/There are; a/an/some/any

Singular	Plural
There's an advert in the newspaper.	**There are some** adverts in the newspaper.
There isn't an advert for a teacher.	**There aren't any** adverts for teachers.
Is there an advert for a secretary?	**Are there any** adverts for secretaries?

Mit *there is* und *there are* wird ausgedrückt, dass es etwas gibt, dass etwas existiert.
Im Singular wird *there is* mit *a* und *an* benutzt.
Im Plural benutzt man *there are* mit *some* in Aussagesätzen, in verneinten Sätzen und Fragen steht *there aren't* mit *any*.

D7

Vervollständigen Sie die Fragen über das, was es im Concorde Building gibt, indem Sie *Is there a .../Are there any ...?* benutzen.

1 ________________ canteen?

2 ________________ shops?

3 ________________ conference rooms?

4 ________________ lift?

5 ________________ public telephones?

D8

Was also gibt es im Concorde Building? Schreiben Sie Sätze, die mit *There is(n't) a/an ...* oder *There are some ...* bzw. *There aren't any ...* beginnen.

1 lift (+)

____

2 canteen (–)

____

3 shops (–)

____

4 offices (+)

____

5 public telephones (+)

____

6 public fax machines (–)

____

7 coffee bar (+)

____

8 cinema (–)

____

9 restaurants (–)

____

10 conference rooms (+)

____

Vocabulary

E1 (1/38)
Wissen Sie, wie man die Buchstaben des Alphabets ausspricht? Hören Sie zu und wiederholen Sie sie in diesen Gruppen.

a h j k
b c d e g p t v
f l m n s x z
i y
o
q u w
r

E2 (1/39)
Hören Sie nun die Buchstaben in der richtigen Reihenfolge auf der CD und sprechen Sie sie nach.

E3 (1/40)
Jetzt sprechen Sie zuerst. Sprechen Sie den ersten Buchstaben *a* und hören Sie sich dann die Aussprache noch einmal an. Sprechen Sie dann den zweiten Buchstaben *b* und hören Sie noch einmal dessen Aussprache, und so weiter.

a b c d e f g h i j k l m n o p q r s t u v w x y z

E4 (1/41)
Kreisen Sie die Buchstaben, die Sie hören, ein. Sie hören zwei in jeder Zeile.

1	l	m	n	**6**	u	v	w
2	r	a	i	**7**	f	s	t
3	e	a	r	**8**	i	y	k
4	g	h	a	**9**	q	u	p
5	j	g	d	**10**	c	z	d

E5 (1/42)
Hören Sie die CD und notieren Sie die Buchstaben, die Sie hören.

1 ______ 3 ______
2 ______ 4 ______
5 ______ 8 ______
6 ______ 9 ______
7 ______ 10 ______

E6 (1/43)
Hören Sie die CD und vervollständigen Sie diese beiden Formulare.

Name
Address
Date of birth __ / __ / __
Telephone number

Name
Address
Date of birth __ / __ / __
Telephone number

Speaking

E7 (1/44)
Bearbeiten Sie die mündlichen Übungen auf Ihrer CD.

Writing

E8 (1/45)
Sie werden jetzt ein Diktat schreiben. Lesen Sie zunächst die Dialoge A und B, um sich an die wichtigen Wörter zu erinnern. Hören Sie sich das Diktat so oft wie nötig an. Überprüfen Sie Ihren Text anhand des Schlüssels. So fängt das Diktat an:

Mike is interested …

F1 Useful expressions

In dieser Lektion haben Sie folgende Redewendungen geübt:

Begrüßungen
Good morning.
Good afternoon.
Good evening.

Telefonieren
This is Travel Unlimited.
Can I help you?
Can I speak to …?
Speaking.
I'll put you through.
Hold the line, please.
Do you want to hold?
The line's busy at the moment.
I can put you through now.
Sorry to keep you waiting.

Verabredungen treffen
Can you … on Wednesday?
I can't manage Wednesday, I'm afraid.
Thursday's okay.
What about three o'clock?
Yes, that's fine.
See you on Thursday.
See you at three.

Nach Informationen zur Person fragen
Can I have your name and address, please?

Wegbeschreibungen geben
Turn right at the corner.
Come in the side door.

Ein Gesprächsthema anschneiden
I'd like to ask about the job.
I understand you're interested in the job.
It's about your application for the job.

Auf Bitten/Anfragen reagieren
(I'd like to speak to …) Right, I'll …
(Can you send me …) Certainly.

F2 Extra vocabulary (2/1)

Hören Sie die zusätzlichen Vokabeln auf Ihrer CD, damit Sie wissen, wie die Wörter ausgesprochen werden.

I'll put you through to	*Ich verbinde Sie mit*
the personnel department.	*der Personalabteilung.*
her assistant.	*ihrem Assistenten.*
our export department.	*unserer Exportabteilung.*
Do you want to	*Möchten Sie*
hold?	*warten?*
wait?	*warten?*
call back?	*zurückrufen?*
leave a message?	*eine Nachricht hinterlassen?*
try again later?	*es später wieder versuchen?*
Can you send me	*Können Sie mir … schicken?*
your brochure, please?	*bitte Ihre Broschüre*
your latest price list, please?	*bitte Ihre neueste Preisliste*
your catalogue, please?	*bitte Ihren Katalog*
a confirmation, please?	*bitte eine Bestätigung*
It's on the	*Es ist im*
fifth floor.	*fünften Stock.*
ground floor.	*Erdgeschoss.*
first floor.	*ersten Stock(GB)/ Erdgeschoss (USA).*
top floor.	*obersten Stock.*
It's in the	*Es ist im*
basement.	*Untergeschoss/Tiefgeschoss.*
Come in the	*Kommen Sie … herein.*
side entrance.	*zum Seiteneingang*
main entrance.	*zum Haupteingang*
front door.	*zur Vordertür*
back way.	*zum Hintereingang*
south door.	*zum Südeingang*
north entrance.	*zum Nordeingang*

F3 Conversation (2/2)

Hören Sie die Anleitungen auf der CD und nehmen Sie am Gespräch teil.

Lektion 4

The new job

A1 (🔊 2/3)

Mike Davis hat den Job bei *Travel Unlimited* bekommen. Heute ist sein erster Arbeitstag. Er spricht mit der Sekretärin des Vertriebsleiters.

SECRETARY: Oh, hello Mike. Nice to see you again. My name's Kate.
MIKE: Hi. I'm really pleased to have this job.
SECRETARY: Yes, congratulations!
MIKE: Thanks Kate. It's my first job outside Canada, you know.
SECRETARY: Oh yes, you're from Toronto, aren't you? Is your family with you here?
MIKE: No, my parents are in Toronto but I often speak to them. I call them once or twice a week. My dad comes over to the UK on business about five times a year.
SECRETARY: That's nice. What's Toronto like?
MIKE: Oh, it's a great city – it's by the sea and not far from the fantastic Niagara Falls and it's only a short flight from New York, too.
SECRETARY: Oh, really? It sounds wonderful! By the way, Paul's in a meeting at the moment. He's with a visitor from Australia. Would you like a cup of coffee, or tea perhaps?
MIKE: Yes, coffee please – white with sugar.
SECRETARY: How much sugar?
MIKE: Just one please.

Exercises

A2 (2/4)

Hören Sie die Sätze auf der CD und sprechen Sie nach. Ein Beispiel auf der CD erklärt Ihnen, was Sie tun sollen.

I call them once or twice a week.
My dad comes over about five times a year.

A3 (2/5)

Sehen Sie sich die Informationen über Kate's Anrufe an. Hören Sie zunächst den Beispieldialog.

- How often does Kate call her accountant?
- *She calls her accountant once a week.*
- Once a week – oh, I see.

Nehmen Sie nun an den Dialogen teil.

	Mon.	Tues.	Wed.	Thurs.	Fri.	Sat.	Sun.
her accountant				x			
the Paris office	x		x		x		
her mother			x				x
her boyfriend	x	x	x	x	x		

Jemandem gratulieren

- Man gratuliert jemandem zu seinem/ihrem Erfolg mit *Congratulations (on getting the job/on passing your examination).* Falls jemand nicht erfolgreich war, kann man Mitgefühl ausdrücken, indem man sagt *I'm very/so sorry (you didn't get the job/didn't pass your exam.)*

What's Toronto like?

- Wenn man mehr über eine Person, einen Ort oder eine Sache wissen möchte, fragt man *What's it/he/she like?* oder *What are they like?* Beachten Sie aber, dass in der Antwort *like* nicht mehr auftaucht, z.B. *It's a great city/He's a nice person.*

Toronto

- Toronto, in der Provinz Ontario gelegen, ist die größte Stadt Kanadas (mehr als drei Millionen Einwohner) und der wirtschaftliche und kulturelle Mittelpunkt des englischsprachigen Kanada. Toronto ist das Finanz- und Industriezentrum und hat gleichzeitig erstklassige Museen, Restaurants und ein abwechslungsreiches Nachtleben.

The UK

- Briten bezeichnen ihr Land oft als *the UK* (*the United Kingdom* = das Vereinigte Königreich), während man im Deutschen in der Regel eher den Begriff „Großbritannien" verwendet. Genau genommen besteht Großbritannien aus England, Schottland und Wales; das Vereinigte Königreich *(UK)* umfasst zusätzlich Nordirland. Die Republik Irland ist nicht Teil des Vereinigten Königreichs.

five times a year

- Beachten Sie Ausdrücke wie *once a week*, *five times a year* (nicht *in a year*).

really

- *Really* wird, wie „wirklich" im Deutschen, auf unterschiedliche Weisen benutzt. Es kann Interesse an dem bekunden, was jemand gerade sagt *(Oh, really?)* sowie *very* bedeuten *(I'm really pleased to have this job).*

B1 (🔊 2/6)

Paul Thornton spricht mit Rob Morris aus Sydney. Paul gibt ihm einige Informationen über die Firma.

PAUL: As you know, this is the head office here – with the marketing, public relations, personnel and finance departments.

ROB: So how many employees are there here in London?

PAUL: There are forty-two altogether, that's including six part-time staff. And we've got twenty-seven branches in the UK now – that's three more than last year.

ROB: Oh, that's good.

PAUL: And then we've got two European branches – in Paris and Rome, and one overseas branch – in Vancouver. Next year we plan to open branches in Tokyo and Boston.

ROB: Oh, really. Is there a big market for you in North America? How much business do you do there?

PAUL: Well, not much at the moment, but we've got high hopes for the future.

Exercises

B2 (2/7)

Sehen Sie sich die Stichwörter im Kasten an.
Hören Sie die Beispielsätze.

1	employees:	42
2	secretaries:	6
3	European branches:	2
4	UK branches:	27

1 ■ *How many employees are there?*
● There are forty-two.

Stellen Sie nun Fragen mit *How many.*

B3 (2/8)

Hören Sie den Beispieldialog.

1	coffee, with sugar
2	coffee, with milk
3	tea, with sugar
4	whisky, with water

● I'd like a coffee, please – white, with sugar.
■ *How much sugar?*
● Just one, please.

Hören Sie nun die Sätze auf der CD und stellen Sie Fragen mit *How much.*

Firmenstruktur

- Eine kleine Firma ist gewöhnlich nur an einem Standort tätig und hat mehrere *departments, sections* oder *divisions.* Größere Firmen bestehen aus einem *head office* und *branches* an anderen Orten, einschließlich Niederlassungen in Übersee.

overseas* oder *European

- Beachten Sie, dass der Dialog auf *European branches* und *overseas branches* verweist. In Großbritannien wird das Wort *overseas* benutzt, um zwischen Geschäften mit Europa und Geschäften mit anderen Kontinenten zu unterscheiden.

Amerika

- Der amerikanische Kontinent wird in drei Teile eingeteilt – *North America, Central America* und *South America.*

Wortschatz zum Wortfeld Arbeit

- Beachten Sie die hier benutzten Präfixe und Suffixe:
*employ**er** – employ**ee***
*train**er** – train**ee***
*employ**ed** – **un**employed*
*train**ed** – **un**trained*
*skill**ed** – **un**skilled*

C1

Ordnen Sie die folgenden englischen Berufsbezeichnungen den deutschen zu.

1	Managing Director	Leiter/in des Referats für Öffentlichkeitsarbeit
2	Financial Director	Personaldirektor/in
3	Sales Director	Personalleiter/in
4	Human Resources Director	Finanzdirektor/in
5	Marketing Manager	Marketingleiter/in
6	Public Relations Manager	Geschäftsführer/in
7	Personnel Manager	Ausbildungsleiter/in
8	Training Manager	Verkaufsdirektor/in

C2

Dies ist ein Teil des Organigramms und des Firmenprofils von *Travel Unlimited*.

Organisation Chart

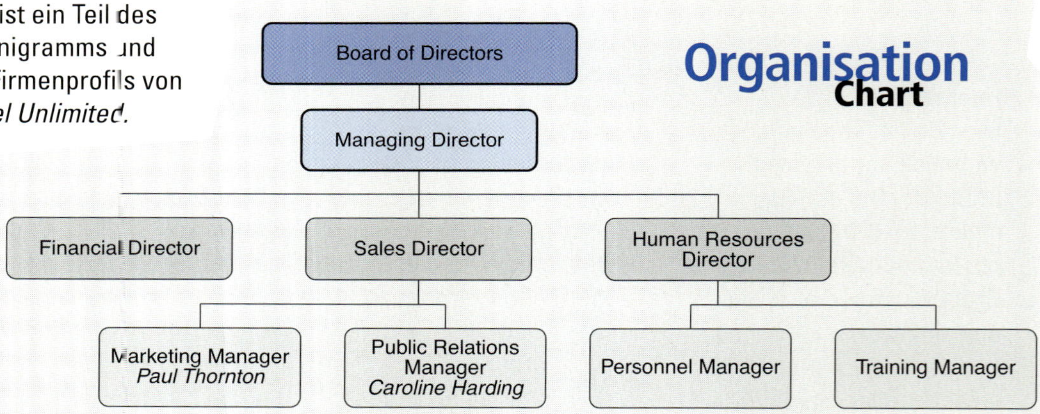

Company Profile

Travel Unlimited, founded 1995

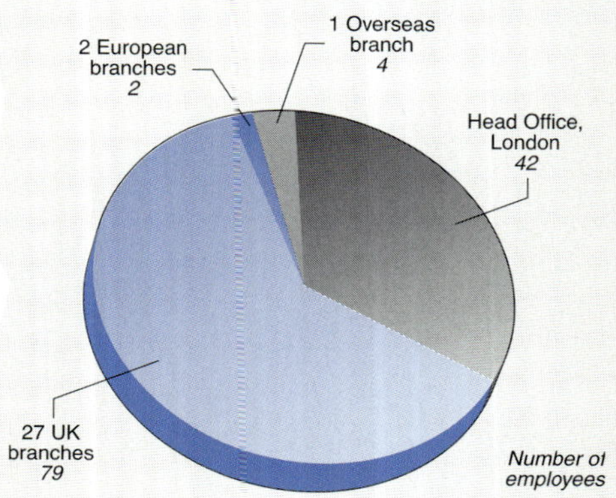

Kennzeichnen Sie die Aussagen über die Firma als zutreffend (✔) oder falsch (✘).

1 The Managing Director *reports to* the Board of Directors. *(ist unterstellt)*

2 Paul Thornton's *line manager* is the Sales Director. *(Abteilungsleiter)*

3 Paul Thornton is in a *higher position* in the company than Caroline Harding. *(höhere Position)*

4 Travel Unlimited has got a total of 79 employees.

5 Each branch office of Travel Unlimited employs about 5 people.

C3 (2/9)

Einer der Angestellten von Travel Unlimiteds Niederlassung in Rom kontrolliert die Namen der Mitarbeiter in der Hauptgeschäftsstelle. Hören Sie den Text auf der CD und vervollständigen Sie die fehlenden Namen im Organigramm.

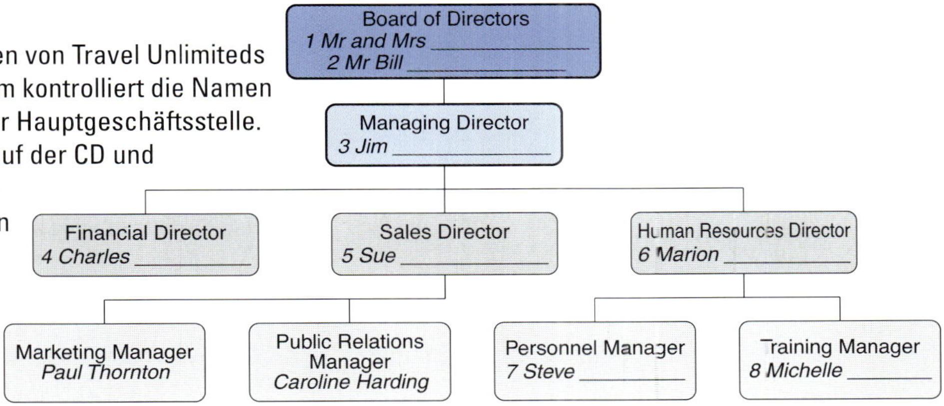

C4

Beantworten Sie diese Fragen über einige der Leute im Organigramm.

1 Who is Marion's line manager?

____

2 Who is Jim accountable to?

____

3 Is Sue in a higher position than Jim?

____

4 Is Steve Michelle's line manager?

____

5 Does Charles report to Jim?

____

Firmentypen

- Der Firmentyp wird durch die Buchstaben, die hinter dem Firmennamen stehen, angezeigt, z. B.:
  ■ *Newsome Electrical Ltd.* Eine *limited company* ist eine Firma, deren Eigentümer nur gemäß ihrer finanziellen Beteiligung für Firmenschulden etc. aufkommen (GmbH).
  ■ *Pickwards Drinks Plc.* Eine *public limited company* ist eine Firma, deren Aktien an der Börse gehandelt werden (AG).
- Firmen können unterschiedlich strukturiert sein, z. B. in einer *hierarchical structure* (wie *Travel Unlimited*) oder einer *cooperative structure.*

Berufsbezeichnungen

- Im Englischen gibt es eine Vielzahl von Berufsbezeichnungen und Abteilungsnamen, und es ist oft schwierig, die exakten deutschen Entsprechungen zu finden. Berufsbezeichnungen werden oft abgekürzt, z. B. *MD = Managing Director, PA = Personal Assistant, HR = Human Resources, PR = Public Relations, R and D = Research and Development.* In der gesprochenen Sprache werden diese Abkürzungen oft benutzt, z. B. *Please call my PA tomorrow.*
- Beachten Sie, dass im amerikanischen Englisch der Titel *President* für den Leiter einer Firma benutzt wird, während *President* im britischen Englisch hauptsächlich im politischen Zusammenhang oder für den Leiter eines Klubs oder eines Vereins gebraucht wird, z. B. der *President* einer Gewerkschaft, der *President* eines Musikvereins.

Nach der Schreibweise fragen

- Das Buchstabieren von Namen ist auch für Muttersprachler ein Problem. Es ist ganz üblich, dass man fragt *Could you spell that for me please? Is that Ramsey with EY or AY?*

D1 Adverbien der Häufigkeit

Es ist wichtig, diese Wörter an die richtige Stelle im Satz zu setzen.

Vor dem Verb:

I	always *(immer)* usually *(gewöhnlich)* often *(oft)* sometimes *(manchmal)* never *(nie)*	**go** to work by car.

Achtung! Diese Wortstellung unterscheidet sich von der deutschen!

Nach dem Verb *to be*:

He **is**	always usually often sometimes never	happy.

Zwischen zwei Verben:

I **have**	always usually often sometimes never	**got** my passport with me.

D2

Vervollständigen Sie die Sätze mit dem am besten passenden Adverb. Benutzen Sie jedes Adverb nur ein Mal:

always • *usually* • *sometimes* • *never*

1 100 % of our customers pay on time.
Our customers __________ pay on time.

2 100 % of our customers pay on time.
Our customers __________ pay late.

3 86 % of our customers pay on time.
Our customers __________ pay on time.

4 About 40 % of our customers pay on time.
Our customers __________ pay on time.

D3

An welcher Stelle muss in diesen Sätzen das Adverb stehen? (✗ = hier)

1 *(never)* It ✗ snows in England in August.
2 *(often)* He is late for work.
3 *(usually)* They go to the cinema at the weekend.
4 *(often)* We have a holiday in June.
5 *(sometimes)* I work on Sundays.
6 *(always)* He has got his mobile phone with him.
7 *(never)* She is tired.
8 *(always)* They go to work by train.

D4

Entwirren Sie diese Sätze und schreiben Sie die Wörter in der richtigen Reihenfolge auf.

1 at eight o'clock / Kate / starts work / always
Kate always starts work at eight o'clock.

2 late for work / never / is / she
____

3 always / by bus / she / to work / goes
____

4 busy / at work / she / always / is
____

5 a lot of / she / got / always / work / has
____

6 sees / the MD / in the morning / sometimes / she
____
____

7 usually / at 6 pm / finishes / work / she
____

8 often / the evenings / she / in / works
____

D5 Zählbare und nicht zählbare Nomen; *a lot of – many – much*

	Zählbare Nomen	**Nicht zählbare Nomen**
	branch – branches computer – computers secretary – secretaries man – men woman – women person – people	time milk information news work, homework money
Aussage	There is **a** branch in Boston. There are branch**es** everywhere. There are **a lot of** branch**es**.	There is time. There is always time. There is **a lot of** time.
Frage	How **many** branch**es** are there?	How **much** time is there?
Verneinung	There are**n't many** branches.	There is**n't much** time.

Beachten Sie:
- Vor zählbaren Nomen kann *a* stehen, vor nicht zählbaren Nomen aber nicht.
- Zählbare Nomen haben eine Pluralform. Nicht zählbare Nomen haben keine Pluralform.
- Wir benutzen *a lot of* sowohl für zählbare als auch für nicht zählbare Nomen.
- Wir benutzen *many* nur für zählbare Nomen und *much* nur für nicht zählbare Nomen.
- *many* und *much* gebrauchen wir normalerweise nur in Fragen und verneinten Sätzen.

D6

Formulieren Sie die Fragen zu diesen Antworten, indem Sie *How much* und *How many* benutzen.

1 *How many secretaries are there in the company* ? There are six secretaries in the company.

2 ______________________ ? I've got a lot of work.

3 ______________________ ? She's got two computers.

4 ______________________ ? They've got a lot of free time this week.

5 ______________________ ? She buys two newspapers every day.

6 ______________________ ? They've got three children.

7 ______________________ ? They've got a lot of information.

8 ______________________ ? They do a lot of homework every night.

Vocabulary

E1 (2/10)

Sagen Sie, wie oft etwas passiert, indem Sie die folgenden Ausdrücke auf einer Skala von 1 (= am häufigsten) – 6 (= am seltensten) zuordnen.

- once a year
- twice a month
- three times a year
- four times a week
- five times a day
- once every three years

Hören Sie nun die Ausdrücke auf CD und sprechen Sie nach.

E2 (2/11)

Hören Sie diese Ausdrücke und Sätze auf der CD und sprechen Sie nach.

once a year → annual
→ It's an annual conference.

once a month → monthly
→ It's a monthly report.

once a fortnight → fortnightly
→ It's a fortnightly magazine.

once a week → weekly
→ It's a weekly newspaper.

once a day → daily
→ It's a daily newspaper.

once an hour → hourly
→ It's an hourly train service.

three times a year
→ They meet three times a year.

four times a year → quarterly
→ It's a quarterly report.

E3 (2/12)

Hören Sie die Aussagen auf der CD und kreisen Sie den jeweils richtigen Ausdruck ein.

1 check my e-mail: six times a day / once a day
2 phone his girlfriend: once an hour / once a day
3 go to the head office: once a year / once a month
4 buy this magazine: once a week / once a month
5 write a report: once a week / once a day
6 write a financial report: three times a year / four times a year

Speaking

E4 (2/13)

Bearbeiten Sie die mündlichen Übungen auf Ihrer CD.

Writing

E5 (2/14)

Sie werden jetzt ein Diktat schreiben. Lesen Sie zunächst die Dialoge A und B, um sich an die wichtigen Wörter zu erinnern. Hören Sie sich das Diktat so oft wie nötig an. Überprüfen Sie Ihren Text anhand des Schlüssels.
So fängt das Diktat an:

Rob Morris is the manager …

F1 Useful expressions

In dieser Lektion haben Sie die folgenden Redewendungen geübt:

Einen neuen Kollegen begrüßen und sich vorstellen
Hello (Mike).
Nice to see you.
My name's …

Zufriedenheit ausdrücken
I'm really pleased to (have this job).

Gratulieren und auf Gratulationen reagieren
Congratulations. – Thanks.

Orte beschreiben
What's (Toronto) like?
It's a great city.
It's by (the sea).
It's not far from …
It's only a short flight from …

Etwas Bekanntes ansprechen
As you know, (this is …)

Begeisterung ausdrücken
It's a great (city).
It sounds wonderful.
Oh, that's good.

Auskunft über eine Firma einholen und geben
This is the head office.
We've got two European branches.
How many employees are there? – There are forty-two altogether.
That's including six part-time staff.
Is there a big market in North America?
How much business do you do there? – Not much at the moment.

Über zukünftige Pläne sprechen
Next year we plan to open …
We've got high hopes for the future.

F2 Extra vocabulary (2/15)

Hören Sie die zusätzlichen Vokabeln auf Ihrer CD, damit Sie wissen, wie die Wörter ausgesprochen werden.

This is the marketing department.	*Dies ist die Marketingabteilung.*
customer relations	*Kundenabteilung*
sales	*Verkaufsabteilung*
home sales	*Abteilung Inlandsvertrieb*
export sales	*Exportabteilung*
packing	*Versandabteilung*
training	*Ausbildungsabteilung*
We've got some part-time employees.	*Wir haben einige Teilzeit-Angestellte.*
full-time	*Vollzeit-Angestellte*
temporary	*Angestellte mit befristetem Vertrag*
permanent	*Angestellte mit unbefristetem Vertrag*
We've got some branches in	*Wir haben einige Niederlassungen in*
North America.	*Nordamerika.*
South America.	*Südamerika.*
Europe.	*Europa.*
the Far East.	*Fernost.*
the Middle East.	*im Nahen Osten.*
Africa.	*in Afrika.*
Asia.	*Asien.*
Australia.	*Australien.*
I'd like to show you our	*Ich würde Ihnen gerne … zeigen.*
marketing plan.	*unseren Marketingplan*
market analysis.	*unsere Marktanalyse*
budget.	*unseren Finanzplan*
sales forecast.	*unsere Absatzprognose*
sales figures.	*unsere Verkaufszahlen*
directors' report.	*unseren Geschäftsbericht*
contract.	*unseren Vertrag*

F3 Conversation (2/16)

Hören Sie die Anleitungen auf der CD und nehmen Sie am Gespräch teil.

Lektion 5

A business trip

A1 (2/17)

Mike fliegt nächste Woche geschäftlich nach Boston. Die Sekretärin, Kate, ruft die Fluggesellschaft an, um sein Ticket zu buchen.

BA: Good morning, British Airways. Company reservations. Can I help you?
KATE: Yes. This is Kate at Travel Unlimited. I'd like to book a flight to Boston, please, for next Wednesday.
BA: That's Wednesday 15th?
KATE: That's right.
BA: There are two flights a day to Boston. One is at 10 am and the other is at 14.15.
KATE: I think the morning's better than the afternoon.
BA: That's a non-smoking flight. Is that okay?
KATE: Yes, that's fine. What time does the morning flight land?
BA: At 12.40 local time.
KATE: Okay. Can I book one seat in business class, please?
BA: Yes. And what's the return date?
KATE: A week later. Wednesday 22nd. Is there an evening flight?
BA: Yes, there are two … at 18.20 and 20.15.
KATE: What time do they arrive?
BA: The 18.20 arrives at 5.40 the next morning. And the 20.15 at 7.35.
KATE: Oh, the later flight, please.
BA: And what's the passenger's name, please?
KATE: Michael Davis.
BA: Is that on the company account?
KATE: Yes, and can he pick up the ticket at the airport?

Exercises

A2 (2/18)

Hören Sie sich die Informationen über die Flüge an und vervollständigen Sie den Flugplan.

Destination	Departure times	
Boston	10.00	14.15
London	______	10.30
Paris	______	______
Rome	______	______

Überprüfen Sie Ihre Antworten anhand des Schlüssels, bevor Sie fortfahren.

A3 (2/19)

Sehen Sie sich nun den Flugplan in Übung **A2** an. Hören Sie den Beispieldialog.

- I'd like to book a flight to Boston please.
- *There are two flights a day to Boston.*
- What time are they?
- *One leaves at 10 am and the other leaves at 14.15.*
- Oh, I see.

Nehmen Sie nun an den Dialogen teil.

Fahrpläne und Reisen

- Die 24-Stunden Uhr wird normalerweise benutzt, wenn man Informationen über Fahrpläne erteilt, z.B. *6.20 (six twenty), 18.20 (eighteen twenty), 20.00 (twenty hundred hours).* Alternativ können wir sagen *six twenty am, six twenty pm* und *eight pm.*
- Aufgrund des *time difference* (Zeitunterschieds) werden Ankunfts- und Abflugzeiten in *local time* angegeben. Einige Länder sind *ahead of German time* (der deutschen Zeit voraus) und andere Länder sind *behind German time* (hinter der deutschen Zeit).
- Der *afternoon* beginnt um *12 noon* (Mittag). Der *evening* beginnt um *6 pm.*
- Beachten Sie den Unterschied zwischen *this Wednesday* (der kommende Mittwoch) und *next Wednesday* (der Mittwoch der nächsten Woche). Muttersprachler müssen oft überprüfen, welche Woche der Gesprächspartner meint. Wenn z.B. heute Montag ist und jemand sagt *We'll meet on Friday,* muss der Gesprächspartner möglicherweise klären *Do you mean this Friday or next Friday/a week on Friday?*

Datum

- Das Datum *Wednesday 22nd* wird *Wednesday the twenty-second* ausgesprochen. Wenn der Monat dazu genannt wird, z.B. *Wednesday May 22nd,* sagen wir *Wednesday, May the twenty-second* oder *Wednesday the twenty-second of May.*

No smoking

- Heutzutage ist das Rauchen an vielen öffentlichen Plätzen verboten, wo es in Deutschland noch gestattet ist. Restaurants haben oft eine Raucher- und Nichtraucherzone.

B1 (2/20)
Paul und Mike diskutieren Mikes bevorstehende Reise zur *Pan American* Tourismus-Messe in Boston.

PAUL: And here's Scott Wright's home phone number.
MIKE: Oh, thanks … that wasn't on my itinerary. He's the new manager, isn't he?
PAUL: Yes. If I were you, I'd give him a ring from your hotel as soon as you arrive. He was in Vancouver before and knows the North American scene very well.
MIKE: Oh that's good … he can brief me, can't he? Before I go to the fair, I mean. You were there last year, weren't you?
PAUL: Yes, I was.
MIKE: What was it like?
PAUL: It was very good. In fact, it was excellent. Much bigger than the London fair. There were hundreds of exhibitors, and it was a great opportunity to make new contacts.
MIKE: Good, that's just what we need over there.
PAUL: And one other thing, please give my best wishes to Scott and his wife.
MIKE: Yes, of course. See you next week then.
PAUL: Yes, have a good trip.

	Scott	Anna	John	Christine	Peter	Diana
now	Boston	New York	Paris	London	Berlin	Vancouver
before	Vancouver	London	Berlin	Boston	New York	Paris

Exercises

B2 (2/21)

Sehen Sie sich die Tabelle oben an. Hören Sie den Beispieldialog.

- Where is Scott now?
- *He's in Boston.*
- And before that?
- *He was in Vancouver before.*
- Oh, in Vancouver.

Nehmen Sie nun an den Dialogen teil.

B3 (2/22)

Sehen Sie sich die folgenden Informationen an. Hören Sie die zwei Beispieldialoge.

the fair – excellent
the film – not very good
your dinner – very good
the coffee – really bad
your interview – not very good
your holiday – great
your hotel – not very good

- What was the fair like?
- *It was excellent.*
- Oh good.

- What was the film like?
- *It wasn't very good.*
- Oh, dear.

Nehmen Sie nun an den Dialogen teil.

Telefonieren

- Man kann eine *home number*, eine *work number* und/oder eine *mobile number* haben. (Beachten Sie, dass „Handy" im Englischen keine Bezeichnung für ein Funktelefon ist.)
- Man kann unterschiedlich ausdrücken, dass man jemanden anruft: *I'll phone / ring/call (you). I'll give you a call/a ring.*

Jemandem Grüße ausrichten

- Wenn man jemanden bittet, Grüße an eine dritte Person auszurichten, kann man sagen *Give my regards/ best wishes to …* oder *Please remember me to …* oder *Say hello/hi to … for me.*

The fair

- Beachten Sie, dass die Entsprechung für „Messe" *(trade) fair* lautet. (Sagen Sie nicht aus Versehen *the mess*, das bedeutet „Unordnung" oder „Durcheinander").

Jemandem einen schönen Urlaub etc. wünschen.

- Nützliche Ausdrücke sind z.B. *Have a good/nice trip/ holiday/time/weekend.*

Frageanhängsel

- Beachten Sie, dass bei Sätzen mit Frageanhängseln das Verb im Stammsatz in der positiven und im Frageanhängsel in der verneinten Form steht – oder umgekehrt. In der Kurzantwort auf ein Frageanhängsel wird das Verb wiederholt. In Dialog 2 haben wir *He's the new manager, isn't he? (Yes, he is.) He can brief me, can't he? (Yes, he can.) You were there last year, weren't you? (Yes, I was.)*

C1

Ordnen Sie die Wörter den Bildern zu.

- a double room
- breakfast
- a shower
- a single room
- a bath
- a lounge

C2 (2/23)

Kate ruft ein Hotel in Boston an, um ein Zimmer für Mike zu reservieren. Hören Sie den Dialog auf der CD und markieren Sie die richtige Lösung.

1 Hotel Continental / Hotel Intercontinental
2 for seven nights / for fifteen nights
3 double room / single room
4 with bathroom / without bathroom
5 smoking / non-smoking
6 with lounge / without lounge
7 $245 / $254
8 with breakfast / without breakfast

C3

Dann hat Kate dem Hotel ein Fax geschickt, um die Buchung zu bestätigen. Setzen Sie diese Wörter in die richtige Reihenfolge, um das Fax zu vervollständigen.

1 telephone / by / 7th / on / April
2 Mr / Davis / Michael
3 seven / for / nights
4 to / 15th / Wednesday / April / April / from / Tuesday / 21st
5 one / room / with / single / lounge / a
6 breakfast / understand / that / we / included / not / is

Travel Unlimited Tel: 0171–506 9332
Fax: 0171–506 7845

Fax Message

From: **Kate Wilson**
No. of pages: **1 inclusive**
Date: **7.4.98**

Confirmation of booking made

(1) ______________________

for (2) ______________________

(3) ______________________

(4) ______________________

______________________.

(5) ______________________

at $245 per night.

(6) ______________________

______________________.

C4

Lesen Sie diese Informationen über die *Pan American* Tourismus-Messe.

TRADE FAIR FACTS
trade fair facts

Opening times
- Wednesday to Sunday 8 am - 10 pm

Transport
- Buses every five minutes within the trade fair complex
- Freephone taxi service to and from the fair
- Free shuttle bus service to city center

Facilities – for exhibitors only
- Meeting rooms, conference rooms, seminar and lecture rooms
- Translation and interpreting services for major languages
- Photocopying, fax, computer, e-mail and telephone facilities available
- Exhibition stands, display stands, private interview rooms
- Extra equipment available – special lighting, video

Catering
- 20 eating places including restaurants, snack bars, juice bars and an English pub

General
- Smoking is not allowed in the exhibition halls.
- There is a medical center in Hall B.
- There are international banking and post office facilities in Hall A.

For full information on costs and additional facilities, please fax the organizers on: (617) 549-6000.

Sind diese Aussagen wahr *(T = true)* oder falsch *(F = false)?*

1. The trade fair is open in the evening.
2. The trade fair is not open on Thursday.
3. There is more than one building in the trade fair complex.
4. There is a free taxi service for exhibitors.
5. There are interpreters for all languages at the trade fair.
6. Trade fair exhibitors can make photocopies at the trade fair.
7. Exhibitors can ask for video equipment.
8. There are twenty restaurants at the trade fair.
9. You can't smoke in Hall A.
10. You can cash traveller's cheques in Hall A.

Hotels in den USA
- In amerikanischen Hotels ist das Frühstück oft nicht im Zimmerpreis enthalten, sondern wird separat berechnet. In Großbritannien ist das Frühstück normalerweise im Zimmerpreis enthalten.
- In den USA haben viele Hotels Nichtraucher-Zimmer. Für Neubauten bedeutet das, dass diese auch niemals zuvor von rauchenden Gästen belegt wurden.

Juice bars
- Saftbars, die eine breite Palette an Fruchtsäften anbieten, sind in den USA beliebt und spiegeln das Interesse an einer gesunden Ernährung wider.

Amerikanische Schreibweise
- Die häufigsten Unterschiede zwischen der britischen und amerikanischen Schreibweise sind:

British	***American***
centre	*center*
metre	*meter*
colour	*color*
favourite	*favorite*
cheque	*check*

- Beachten Sie, dass die amerikanische Schreibweise für die meisten Computerausdrücke benutzt wird, z.B. *disk* (britische Schreibweise: *disc*) – *program* (britische Schreibweise: *programme*).

D1 Die einfache Vergangenheit von *to be*

Aussage	Frage	Verneinung
I **was** on time. You **were** in Boston. He **was** here. She **was** with him. It **was** very interesting.	**Was** I …? **Were** you …? **Was** he …? **Was** she …? **Was** it …?	I **wasn't** … . You **weren't** … . He **wasn't** … . She **wasn't** … . It **wasn't** … .
We **were** late. You **were** at the meeting. They **were** at the fair.	**Were** we …? **Were** you …? **Were** they …?	We **weren't** … . You **weren't** … . They **weren't** … .

Die Frageform wird gebildet, indem man das Subjekt und das Verb umstellt:
He was here. ➤ *Was he here?*
Die Verneinung wird gebildet, indem man *n't (= not)* an das Verb anhängt: *He wasn't here.*

D2

Vervollständigen Sie diesen Text mit der einfachen Vergangenheitsform von *to be.*

Paul **(1)** ________ at the fair in Boston last year, but Mike **(2)** ________ there. The fair **(3)** ________ excellent. There **(4)** ________ a lot of exhibitors and Paul **(5)** ________ very busy all the time. Paul **(6)** ________ the only person there from Travel Unlimited's Head Office. His colleagues in London **(7)** ________ there, and there **(8)** ________ a Boston branch at that time. Scott and his wife **(9)** ________ there because they **(10)** ________ in Vancouver then, and Scott's office **(11)** ________ very busy at the time of the fair.

D3

Schreiben Sie diese Sätze in die einfache Vergangenheit um. Ändern Sie alle fettgedruckten Wörter.

1 She**'s** in London **today.**
She was in London yesterday.

2 They **aren't** here **this week.**
____

3 Where **are** the directors **today?**
____

4 The weather **isn't** very nice **today.**
____

5 **Today's** news from America **is** good.
____

6 His boss **is** in Boston **this month,**
____
but his colleagues **aren't.**
____

D4 Steigerung der Adjektive

Adjektive	1. Steigerungsstufe
This is **good.**	This is **better than** that.
bad	**worse**
long	**longer**
nice	**nicer**
heavy	**heavier**
big	**bigger**

- Die gesteigerten Formen von *good* und *bad* sind unregelmäßig – *better* und *worse.*
- Bei regelmäßiger Steigerung hängt man *er* an das Adjektiv, z. B. *long – longer.*

D5

Sehen Sie sich die Liste mit Adjektiven an. Wie lautet die 1. Steigerungsstufe?

1 good
2 big
3 heavy
4 long
5 tall
6 young
7 hot
8 short
9 old
10 nice
11 cold
12 light

D6

Bilden Sie Sätze, indem Sie diese Wörter in der richtigen Reihenfolge aufschreiben. Benutzen Sie die Steigerungsform der Adjektive in den Klammern.

1 than / Berlin / is / Bonn / (small)

____

2 (sunny) / is / Spain / than / Scotland

____

3 Mondays / (good) / Fridays / are / than

____

4 boss / than / (young) / my / me / is

____

5 Austria / than / is / Germany / (big)

____

D7 Frageanhängsel

He's the new manager, **isn't he?**
They were there last year, **weren't they?**
She lives in America, **doesn't she?**
There are some good hotels in Boston, **aren't there?**

- Ein Frageanhängsel steht am Ende einer Aussage und verwandelt sie in eine Frage.
- Falls die Aussage positiv ist, ist die Frageanhängsel negativ und umgekehrt.
- Beachten Sie bei der Satzmelodie der Frageanhängsel:
  ■ sind Sie sich sicher und erwarten Sie einfach, dass Ihr Gesprächspartner Ihnen zustimmt, so lassen Sie Ihre Betonung mit dem Frageanhängsel abfallen;
  ■ sind Sie sich unsicher und wollen Sie eine echte Frage stellen, so lassen Sie Ihre Betonung mit dem Frageanhängsel ansteigen.

D8

Vervollständigen Sie diese Sätze mit Frageanhängseln.

1 He isn't very old, ____________________?
2 They were at home yesterday,
____________________________________?
3 She's got a new car ____________________?
4 You'd like a coffee, ____________________?
5 They work in New York,
____________________________________?
6 They can't speak German,
____________________________________?
7 The fair was excellent,
____________________________________?
8 She doesn't go abroad every month,
____________________________________?

Vocabulary

E1

Sie nehmen wahrscheinlich alle diese Dinge mit zum Flughafen, wenn Sie ins Ausland reisen. Ordnen Sie die Wörter den Bildern zu.

☐ ticket	☐ traveller's cheques
☐ passport	☐ personal organizer
☐ money	☐ credit card
☐ hand luggage	☐ itinerary

E2

In welcher Reihenfolge würden Sie die folgenden Dinge am Flughafen erledigen? Tragen Sie die fehlenden Zahlen ein.

1 Arrive at the airport.
☐ Go through passport control.
☐ Buy duty free.
☐ Sit down and fasten your seat belt.
☐ Check-in for your flight.
☐ Go through the security check.
☐ Board the plane.
☐ Find the correct check-in desk.
☐ Go to the departure gate.
10 You're ready for take-off!

E3 (🔊 2/24)

Hören Sie die acht Sätze auf der CD. Wer, meinen Sie, würde sie sagen? Schreiben Sie die Nummern der Sätze auf.

The person at the airport information desk: _____ and _____
The airline ground staff at the check-in desk: _____ and _____
The flight attendant on the plane: _____ and _____
The pilot on the plane: _____ and _____

E4 (🔊 2/25)

Sie haben jeden dieser Ausdrücke in Übung **E3** gehört. Hören Sie sie noch einmal und nummerieren Sie die Ausdrücke mit der Nummer der Sätze, in denen sie auftauchen. Es gibt zwei Ausdrücke aus jedem Satz.

☐ aisle seat	☐ check-in desks
☐ land	☐ local time
☐ meal	☐ mobile phone
☐ non-smoking	☐ over there
☐ reservations desk	☐ seat belts
☐ smoking	☐ switch off
☐ terminal	☐ to drink
☐ turbulence	☐ window seat

Speaking

E5 (🔊 2/26)

Bearbeiten Sie die mündlichen Übungen auf Ihrer CD.

Writing

E6 (🔊 2/27)

Sie werden jetzt ein Diktat schreiben. Lesen Sie zunächst die Dialoge A und B, um sich an die wichtigen Wörter zu erinnern. Hören Sie sich das Diktat so oft wie nötig an. Überprüfen Sie Ihren Text anhand des Schlüssels.
So fängt das Diktat an:

There's a travel fair …

F1 Useful expressions

In dieser Lektion haben Sie folgende Redewendungen geübt:

Eine Buchung oder Reservierung vornehmen
I'd like to book/reserve …

Eine Bestätigung erbitten und erteilen
Is that okay? – Yes, that's fine.
That's Wednesday 15th? – That's right.
You were there last year, weren't you? – Yes, I was.

Vergleiche ziehen
The morning's better than the afternoon.
The Boston fair was much bigger than the London fair.

Fragen über Möglichkeiten
Can I book one seat in business class, please?
Can he pick up the ticket at the airport?

Einen Rat erteilen
If I were you, I'd give him a ring.

Näher bestimmen
In fact, (it was excellent).
(Before the fair), I mean.

Nach Meinungen fragen und Meinungen äußern
What was it like? – It was very good.

Informationen ergänzen
And one other thing, I'd like …

Sich verabschieden
Please give my best wishes to …
See you next week.
Have a good trip.

F2 Extra vocabulary (2/28)

Hören Sie die zusätzlichen Vokabeln auf Ihrer CD, damit Sie wissen, wie die Wörter ausgesprochen werden.

Can I book a seat in	*Kann ich einen Platz in der … reservieren?*
business class?	*Business Class*
first class?	*ersten Klasse*
economy class?	*Economy-Klasse*
tourist class?	*Touristenklasse*
What's the local time?	*Was ist die Ortszeit?*
departure time?	*Abflugzeit/Abfahrtszeit?*
arrival time?	*Ankunftszeit?*
ETA? (estimated time of arrival)	*erwartete Ankunftszeit?*
He usually goes	*Er fliegt/fährt/geht normalerweise*
by plane/by train.	*mit dem Flugzeug/mit dem Zug.*
by bus/by taxi.	*mit dem Bus/mit dem Taxi.*
on foot.	*zu Fuß.*
Information for exhibitors	*Informationen für Aussteller*
organizers/sponsors	*Organisatoren/Sponsoren*
advertisers/delegates	*Inserenten/Delegierte*
It wasn't on	*Es war nicht auf*
the itinerary.	*dem Reiseplan.*
the agenda.	*der Tagesordnung.*
the schedule.	*dem Terminplan.*
It's on my	*Es geht auf mein*
company account.	*Firmenkonto.*
expenses account.	*Spesenkonto.*
personal account.	*persönliches Konto.*
This is his	*Dies ist seine*
home phone number.	*Telefonnummer zu Hause.*
office phone number.	*Büronummer.*
mobile phone number.	*Handy-Nummer.*
fax number.	*Faxnummer.*
e-mail address.	*E-Mail-Adresse.*

F3 Conversation (2/29)

Hören Sie die Anleitungen auf der CD und nehmen Sie am Gespräch teil.

Lektion 6

Making contacts

A1 (2/30)

Mike ist in seinem Hotel in Boston in den USA angekommen. Er hat ein Problem mit seinem Zimmer. Jetzt ist er an der Rezeption, um die Angelegenheit zu klären. *(DM = Duty Manager)*

DM: Can I help you, sir?

MIKE: Yes, I'm afraid there's a problem with my room. Could I speak to the manager, please?

DM: I'm the Duty Manager for today, sir. What's the problem?

MIKE: Well, my secretary booked a room with a small lounge, for meetings. Here's a copy of the fax. I'm in room 256 – and it's very nice – but there isn't a lounge.

DM: Oh, I'm sorry about that, sir. It's obviously our mistake. Unfortunately, all our business suites are taken, because of the trade fair. But we have some conference rooms available, for about twenty people …

MIKE: Oh, no, I'd prefer something smaller and more informal than that, if possible. My meetings are only with three or four people.

DM: Well, in that case, perhaps you'd like to use the Patio Room. It's a small lounge on the first floor.

MIKE: First floor?

DM: *(laughs)* Oh, that's the ground floor in the UK, isn't it? Would you like to see it, Mr Davis?

MIKE: Oh yes, thank you.

DM: Come this way, it's …

Exercises

A2 (2/31)

Sehen Sie sich die Bilder an. Hören Sie den Beispieldialog.

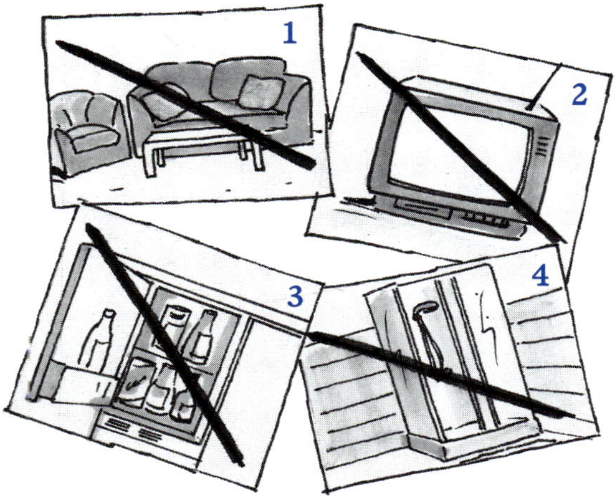

- Can I help you?
- *Yes, I'm afraid there's a problem with my room.*
- What's the problem?
- *Well, there isn't a lounge.*
- Oh, no lounge? … I'm sorry about that.

Nehmen Sie nun an den Dialogen teil.

A3 (2/32)

Dieser Wegweiser hängt im Aufzug eines Londoner Hotels. Hören Sie den Beispieldialog.

Ground floor
Reception
Coffee bar + Pub

1st floor
Travel office
Rooms 101–168

2nd floor
Conference centre
Rooms 201–258

3rd floor
Fitness centre
Rooms 301–368

4th floor
Business suites A–M
Rooms 401–458

5th floor
Restaurants
Cocktail bar

6th floor
Disco

- Is there a coffee bar here?
- *Yes, there is.*
- Where is it?
- *It's on the ground floor.*

Nehmen Sie nun an den Dialogen teil.

Ortsnamen

- Amerikaner nennen oft den Namen des Landes nach dem Städte- oder Ortsnamen, z.B. *He's in Paris, France./She's gone to London, England.*
- Manchmal findet man denselben Ortsnamen in mehreren Ländern, es gibt z.B. ein Washington in West Sussex in England sowie mehrere Washington in den USA (z.B. in Ohio, Utah, Iowa, New Jersey und, natürlich, Washington DC). Es gibt ein Oxford in England, drei Oxfords in den USA und ein Oxford in Neuseeland.

Beschwerden äußern und bearbeiten

- Beachten Sie, dass im britischen Englisch eine Beschwerde oft mit einer Entschuldigung eingeleitet wird *(I'm afraid there's a problem/I'm sorry but …)*. Inzwischen neigt man jedoch zunehmend zur direkteren Form der Beschwerde.
- Normalerweise reagiert man auf eine Beschwerde mit einer Entschuldigung *(I'm sorry about that)* oder zeigt Verständnis *(I see. So Room 256 isn't suitable for you.)*. Dann wird einem versprochen, die Beschwerde weiterzuleiten *(Just a minute and I'll speak to the manager)* oder es wird eine Lösung angeboten *(Perhaps you'd like …? / Would you like …?)*

B1 (2/33)

Mike hat sich mit Scott Wright verabredet, dem neu eingestellten Manager der gerade eröffneten Niederlassung von *Travel Unlimited* in Boston. Scott und seine Frau Hilary sind gerade in Mikes Hotel angekommen.

MIKE: Hello, I'm Mike Davis.
SCOTT: Hi, pleased to meet you, Mike. This is my wife Hilary.
HILARY: Hi, nice to meet you.
MIKE: Oh before I forget, Paul Thornton sends his best wishes to you both.
SCOTT: Oh thanks. How is he?

HILARY: … and when did you get here, Mike?
MIKE: I arrived at the airport a few hours ago.
SCOTT: Was your flight okay?
MIKE: Yes, fine. Boston seems an interesting place – do you like it here?
SCOTT: Yeah, it's a great city – the ideal place for our new branch.
HILARY: Where do you come from, Mike?
MIKE: Well, I was born in England and we moved to Toronto when I was five. My father worked for a British company there. I lived there until I was eighteen.
HILARY: Did you enjoy living there?
MIKE: Yes, it was great.
HILARY: And did you move back to the UK when you were eighteen?
MIKE: No, I didn't. I studied at university in Montreal and then travelled around the world for a couple of years before I started work. And then …
SCOTT: Sorry to interrupt, but I ordered a cab for twenty past. I think we should go and wait in the lobby.
HILARY: Yes, we reserved a table at our favorite fish restaurant. We wanted to introduce you to our local speciality – lobster. I hope …

Exercises

B2 (2/34)

Sehen Sie sich den Kasten an. Hören Sie den Beispieldialog.

	Stellen Sie vor:	Grüße von:
1	your secretary, Kate	Peter
2	your assistant, Tom	Mrs Thorpe
3	your sister, Maria	Susan
4	your brother, Mark	Mr Richards
5	your PA, Lucy	John

- Hi, I'm Scott Wright.
- *Hello, pleased to meet you, Scott. This is my secretary, Kate.*
- Hi, nice to meet you, Kate.
- *Oh, before I forget, Peter sends his best wishes.*
- Oh thanks.

Nehmen Sie nun an den Dialogen teil.

B3 (2/35)

Sehen Sie sich die Informationen an. Hören Sie den Beispieldialog.

Hilary:	Vancouver – 18 Boston – 3 years
Pierre:	Paris – 25 Boston – 6 months
Hans:	Cologne – 12 Boston – 9 years
Ingrid:	Stockholm – 30 Boston – 11 years

- Where does Hilary come from?
- *She was born in Vancouver. She lived there until she was eighteen.*
- And when did she move to Boston?
- *It was about three years ago.*

Nehmen Sie nun an den Dialogen teil.

Boston

- Boston (574.000 Einwohner), die Hauptstadt Massachusetts, ist die größte Stadt in Neuengland, USA. Sie hat eine bewegte Geschichte: 1775 begann dort der amerikanische Unabhängigkeitskrieg. Neuengland ist berühmt für sein europäisches Flair, aber auch für seine Fischspezialitäten und die Harvard Universität.

Vorstellen und Small Talk

- Wenn man sich selbst oder andere Personen vorstellt, ist es in Großbritannien und den USA zunehmend üblich, den Vor- und Nachnamen statt *Mr* oder *Ms* zu nennen. Das gilt sowohl in beruflichen als auch in gesellschaftlichen Situationen: *Hello, I'm Mike Davis.*

Unterbrechen

- Beachten Sie den Gebrauch von *Sorry to interrupt, but …*, um eine laufende Unterhaltung höflich zu unterbrechen, ohne jemanden zu verärgern.

Amerikanisches und britisches Englisch

- Im amerikanischen und britischen Englisch werden z.T. andere Bezeichnungen verwendet, zum Beispiel:

AE	BE
cab	*taxi*
lobby	*hall/foyer*

Im Wortschatzteil dieser Lektion stehen weitere Beispiele.

a few hours ago

- Beachten Sie den Gebrauch von *ago*. (Seien Sie auch nicht versucht, in diesem Kontext *for* oder *before* im Englischen zu benutzen.) *I came here three years ago.* (Ich kam vor drei Jahren hierher.)

C1

Mike Davis war mit der Lieferfirma nicht zufrieden, die für *Travel Unlimited* Werbematerialien zur Messe lieferte. Er hat einen Beschwerdebrief an die Firma gefaxt.
Lesen Sie diesen Brief und vervollständigen Sie diese Sätze:

1 Mike complained about ______________________

2 The brochures arrived ______________________

3 Mike could not ______________________

4 Gerry Ewert works for ______________________

5 Gerry could not ______________________

6 Gerry told Mike to ______________________

Travel Unlimited

169 Tottenham Court Road
London WC1 3YT
Tel: 0171–506 9332
Fax: 0171–506 7845
e-mail: TravUn@compuserve.com

Mr B Hollis
Managing Director
Post Express
203 Park Hill Road
Finchley NW10 3LP

Ref: TU 984406 / MD

12 April 1998

Dear Mr Hollis

I am writing to complain about the late delivery of my company's brochures to the Pan-American Tourism Fair in Boston last week. Your company guarantees 'next day delivery', but the brochures arrived three days late. So I could not give them to visitors on the first two days of the fair. Because of this, my company lost valuable business.

I contacted Gerry Ewert, the assistant manager in your Boston office, yesterday. He was very sympathetic but he could not explain the delay. He told me to contact you at the London office to discuss compensation.

I look forward to hearing from you about this matter as soon as possible.

Yours sincerely

Michael A. Davis

Michael A. Davis
Assistant Marketing Manager

PS You can contact me here at The Intercontinental Hotel in Boston (Fax 001 617–546938, room 256) until next Wednesday.

C2 (🔊 2/36)

Hören Sie sich das Telefongespräch zwischen Mike und Mr Hollis an. Bewerten Sie die Sätze als zutreffend (✔) oder falsch (✘). Korrigieren Sie die falschen Wörter in den falschen Sätzen.

1 ~~Mike~~ *Mr Hollis* phoned ~~Mr Hollis~~ *Mike*. ✘

2 Mr Hollis's first name is Barry. ☐

3 Mr Hollis works with Mike. ☐

4 Mr Hollis didn't receive Mike's letter. ☐

5 There was a delay because Post Express had three problems. ☐

6 The brochures arrived at the Post Express office three hours before the flight. ☐

7 There was a four-day strike at the airport. ☐

8 Mike lost some business because he didn't have the brochures at the start of the fair. ☐

9 Travel Unlimited's next order with Post Express will be cheaper. ☐

10 Mike asked Mr Hollis to phone the London office to confirm the arrangement. ☐

Geschäftsbriefe

- Der Stil und das Layout von Geschäftsbriefen kann sich von Firma zu Firma geringfügig unterscheiden. Folgende Merkmale sind für britische Geschäftsbriefe typisch:
  ■ die Platzierung des Absenders in der Mitte oben oder rechts oben, der Empfängeradresse links, des Aktenzeichens und des Datums rechts.
  ■ Es gibt keine Absatzeinschübe und keinerlei Zeichensetzung bei der Adresse, der Anrede und dem Briefschluss.
- Zu Beginn wird der Anlass des Briefes genannt, z. B. *I am writing to (complain about/inform you/ask ...).*

Zeitangaben

- Beachten Sie den Ausdruck *three days late.* Ähnlich können wir sagen *two hours early/two hours in advance.*
- Zusammengesetzte Adjektive werden mit Bindestrich geschrieben, z. B. *a forty-eight-hour strike, a three-week holiday, a four-day conference.*

C3

Dies ist ein Absatz aus einem Beschwerdebrief an eine Bank. Setzen Sie die Ausdrücke an den richtigen Stellen ein. Lesen Sie Mikes Brief noch einmal, bevor Sie anfangen.

because of this | you guarantee | but | I am writing to complain about

____
______________ your bank.
______________ accurate
monthly statements, ______
there was a mistake in our
last statement and ______
______________ our account
was overdrawn.

C4

Hier ist noch eine Beschwerde – dieses Mal an eine Computerfirma. Setzen Sie den Text fort, indem Sie die Ausdrücke in die richtige Reihenfolge bringen.

Because of this • your helpline • install our new computers • I'm writing to complain about • You guarantee • but the line was busy • and software • it wasn't possible for us to • a 24-hour service • all day yesterday

You delivered three new computers to our head office yesterday morning.

____
____
____
____
____
____
____
____
____

D1 Die einfache Vergangenheit – regelmäßige Verben

What **did** you **book**?	I **booked** a room.	I **didn't book** a suite.
What **did** he **book**?	He **booked** a room.	He **didn't book** a suite.
What **did** they **book**?	They **booked** a room.	They **didn't book** a suite.

Die einfache Vergangenheit hat die gleiche Verbform für alle Personen.

- Die Vergangenheitsform von regelmäßigen Verben wird gebildet, indem *-d* oder *-ed* angehängt wird: *reserve – reserved, book – booked,* etc.
- Fragen werden mit *did* gebildet: *What did you book?*
- Die Verneinung wird mit *didn't* und dem Infinitiv gebildet: *I didn't book a suite.*
- Beachten Sie die Vergangenheitsform von *study (studied)* und *travel (travelled).*
- Zeitwörter stehen am Ende eines Satzes oder einer Frage: *I phoned Scott yesterday. Did you phone Paul last week?*

D2

Versuchen Sie, sich ohne zurückzublättern an die Verben in der Vergangenheitsform zu erinnern, die in den Dialogen benutzt wurden. Tragen Sie sie in diese Sätze ein.

1 Mike's secretary ____________ a room with a lounge.

2 Mike ____________ at the airport a few hours ago.

3 Mike's family ____________ to Toronto when he was five.

4 Mike's father ____________ for a British company in Toronto.

5 Mike ____________ in Toronto until he was eighteen.

6 Mike ____________ at university in Montreal.

7 Mike ____________ around the world for a couple of years.

8 Scott and Hilary ____________ a table at a fish restaurant.

D3

Setzen Sie diese Wörter in die richtige Reihenfolge, um Sätze oder Fragen in der Vergangenheitsform zu bilden: + = positive Aussage, – = verneinter Satz, ? = Frage. Dafür sind einige Veränderungen an den Verben in den Klammern notwendig.

1 + yesterday / I / until / (work) / evening / eight

____

2 ? your / at / what / hotel / (arrive) time / you

____

3 – me / she / room / (book) / a / for

____

4 ? in / (stay) / he / Boston / where

____

5 + (move) / weeks / they / ago / Boston / to / three

____

6 – branch / before / fair / they / (open) / new / the / the

____

D4 ago

They arrived **a few hours ago.**
(vor ein paar Stunden)
He phoned **ten minutes ago.**
(vor zehn Minuten)

Beachten Sie, dass das Wort *ago* immer hinter der Zeitangabe steht.

D5

Schreiben Sie diese Sätze so um, dass am Ende das Wort *ago* steht.

1 Today is Wednesday. Peter phoned on Monday.
Peter phoned two days ago.
2 It's December. They moved to Toronto in July.
______
3 It's three o'clock. Hilary arrived at eleven.
______
4 It's *(das aktuelle Jahr)*. Scott and Hilary married in 1994.
______
5 It's ten to nine. Caroline ordered a cab at half past eight.
______
6 Today is Saturday. Mike faxed Post Express on Thursday.
______

D6 Steigerung der Adjektive

Adjektiv	1. Steigerungsstufe
good	**better**
long	**longer**
heavy	**heavier**
modern	**more modern**
informal	**more informal**
interesting	**more interesting**

Sie sehen hier drei Arten der Steigerung.
- Unregelmäßig: *better*
- Regelmäßig mit *-er: nicer*
- Regelmäßig mit *more: more informal*

Die meisten zweisilbigen Adjektive und alle dreisilbigen Adjektive werden mit *more* gesteigert. Zweisilbige Adjektive auf *-y* werden jedoch mit *-er* gesteigert: *heavier, sunnier.*

D7

Sehen Sie sich diese Liste mit Adjektiven an. (Falls Ihnen nicht alle Bedeutungen bekannt sind, sehen Sie sie in der Wortliste nach). Ergänzen Sie die Steigerungsform.

1 attractive ______
2 bad ______
3 big ______
4 boring ______
5 cheap ______
6 comfortable ______
7 exciting ______
8 expensive ______
9 good ______
10 happy ______
11 intelligent ______
12 polite ______

In dieser Liste stehen drei Wortpaare mit gegensätzlicher Bedeutung. Können Sie sie finden?

Vocabulary

E1 (🔊 2/37)

GERMANY	UNITED ARAB EMIRATES	VENEZUELA
00 49 Then	00 971 Then	00 58 Then
Aachen 241	Abu Dhabi 2	Barquisimeto 51
Augsburg 821	Ajman 6	Caracas 2
Berlin 30	Al Ain 3	Ciudad Bolivar 85
Bielefeld 521	Al Saad 3	Cumana 93
Bochum 234	Aweer 4	El Valle 95
Bonn 228	Dhayd 6	Maracaibo 61
Bottrop 2041	Dubai 4	Maracay 43
Then customer's number	Then customer's number	Then customer's number
Time difference +1 hr	Time difference +4 hrs	Time difference -4 hrs

Diese Informationen stammen aus einem britischen Telefonbuch. Vervollständigen Sie diese Sätze mit zwei Ortsnamen und diesen Wörtern:

city • code • code • country • dialling • engaged • ringing

The **(1)** ___________ **(2)** ___________

for **(3)** ___________ is 0049.

The **(4)** ___________ **(5)** ___________

for **(6)** ___________ is 43.

If you want to make a phone call:

- pick up the receiver *(Hörer)* and listen for the **(7)** ___________ tone
- then dial the number, and the tone you can hear is the **(8)** ___________ tone
- or if the line is busy, it's the **(9)** ___________ tone – so try again later!

Hören Sie den Text auf CD und überprüfen Sie Ihre Antworten.

E2 (🔊 2/38)

Hören Sie sich das folgende Telefongespräch an (Sie finden es auf Seite 151 abgedruckt).

Wie lauten die englischen Ausdrücke für die folgenden Wörter und Redewendungen?

R-Gespräch • Bleiben Sie dran • besetzt • Sind Sie noch dran? • frei • Ich verbinde Sie

E3

Ergänzen Sie die Tabelle. Sehen Sie in der Wortliste nach, falls Sie Hilfe benötigen.

US: apartment, bathroom, bill, check, color, elevator, first floor, gas, movie, movie theater, pants, parking lot, store, subway

	BE	Deutsch	AE
1	bank note	___________	___________
2	bill	___________	___________
3	car park	___________	___________
4	cinema	___________	___________
5	colour	___________	___________
6	film	___________	___________
7	flat	___________	___________
8	ground floor	___________	___________
9	lift	___________	___________
10	petrol	___________	___________
11	shop	___________	___________
12	toilet	___________	___________
13	trousers	___________	___________
14	underground	___________	___________

Speaking

E4 (🔊 2/39)

Bearbeiten Sie die mündlichen Übungen auf Ihrer CD.

Writing

E5 (🔊 2/40)

Sie werden jetzt ein Diktat schreiben. Lesen Sie zunächst die Dialoge A und B, um sich an die wichtigen Wörter zu erinnern. Hören Sie sich das Diktat so oft wie nötig an. Überprüfen Sie Ihren Text anhand des Schlüssels.

So fängt das Diktat an:

Mike arrived at his hotel …

F1 Useful expressions

In dieser Lektion haben Sie folgende Redewendungen geübt:

Sich beschweren und auf eine Beschwerde reagieren
I'm afraid there's a problem with my room.
What's the problem?
It's very nice, but there isn't a lounge.
Oh I'm sorry about that.
It's obviously our mistake.

Eine Problemlösung anbieten
In that case, perhaps you'd like to use the Patio Room.

Eine Bitte vorbringen
Could I speak to the manager, please?

Bedauern ausdrücken
Unfortunately, all our business suites are taken.

Etwas den Vorzug geben
I'd prefer something smaller than that, if possible.

Hinzufügen
Before I forget, …

Grüße von jemandem ausrichten
Paul Thornton sends his best wishes to you both.

Das Eis brechen
When did you get here?
Was your flight okay?
Where do you come from?

Kindheit und Jugend beschreiben
I was born in England.
We moved when I was five.
I lived there until I was eighteen.

Ein laufendes Gespräch unterbrechen
Sorry to interrupt, but …

Einen Vorschlag machen
I think we should go and wait in the lobby.

F2 Extra vocabulary (2/41)

Hören Sie die zusätzlichen Vokabeln auf der CD, damit Sie wissen, wie die Wörter ausgesprochen werden.

I'm afraid	*Leider*
my television doesn't work.	*funktioniert mein Fernsehgerät nicht.*
there's a problem with my room.	*gibt es ein Problem mit meinem Zimmer.*
there's a mistake in my bill.	*ist auf meiner Rechnung ein Fehler.*
there's something wrong with the shower.	*ist mit der Dusche etwas nicht in Ordnung.*
There isn't a	*Es gibt kein*
lounge/mini-bar.	*kein Wohnzimmer/keine Minibar.*
hairdryer/towel.	*keinen Haartrockner/kein Handtuch.*
reading lamp/trouser press.	*keine Leselampe/keine Kleiderpresse.*
There aren't any seminar rooms.	*Es gibt keine Seminarräume.*
business suites/coat hangers.	*Business-Suiten/Kleiderbügel.*
Sorry to interrupt.	*Entschuldigung, wenn ich Sie unterbreche.*
be a nuisance.	*lästig werde.*
bother you/disturb you.	*Sie belästige/Sie störe.*
Paul sends his best wishes (to you).	*Paul lässt Sie herzlich grüßen.*
regards.	*Paul lässt Sie grüßen.*
love.	*Paul lässt dich lieb grüßen.*
Paul wants to be remembered to you.	*Ich soll Sie von Paul grüßen.*
I'm writing	*Ich schreibe Ihnen, um*
to complain about the service.	*mich über den Service zu beschweren.*
to apologise for the mistake.	*mich für den Fehler zu entschuldigen.*
to apply for the job.	*mich für die Stelle zu bewerben.*
to congratulate you on your new job.	*Ihnen zu Ihrer neuen Arbeitsstelle zu gratulieren.*
next day delivery	*Lieferung am nächsten Tag*
immediate delivery/express delivery	*sofortige Lieferung/Expresslieferung*
courier delivery	*Lieferung per Kurier*
recorded delivery	*Einschreiben*
cash on delivery (COD)	*per Nachnahme*

F3 Conversation (2/42)

Hören Sie die Anleitungen auf der CD und nehmen Sie am Gespräch teil.

Lektion 7

Back from Boston

A1 (2/43)

Mike ist gerade aus Boston zurückgekommen. Er telefoniert mit Paul, der in seinem Büro ist.

MIKE: … and it was great. I've got one urgent request.
PAUL: Yes? What is it?
MIKE: Could you e-mail some text samples from next year's catalogue to Scott's office, please? This afternoon, if possible.
PAUL: Yes. What does he need them for?
MIKE: Well, we met the managing director of a design agency in Boston. He showed us some of their recent work. It was the most interesting work that we saw there.
PAUL: Are they very expensive?
MIKE: They aren't the cheapest, but Scott thinks their price is okay for his budget.
PAUL: Oh that's good. What other news is there?
MIKE: Well … Scott and Hilary send their regards …
PAUL: Oh, thank you. How are they?
MIKE: They're both very happy in Boston. We went out for dinner on the first evening. And the next day Scott took me to the new offices – very smart.
PAUL: I hear there was a problem with the brochures. Did you get them in the end?
MIKE: Yes, but I faxed Post Express and complained, and then spoke to Mr Hollis about it.
PAUL: Listen Mike, are you free for lunch tomorrow? I'd like to hear more about what you did at the trade fair …

Exercises

A2 (🔊 2/44)

Sehen Sie sich die Angaben zu Scott und Hilary an. Hören Sie den Beipieldialog.

1	Scott and Hilary / regards both very happy / Boston
2	Mary / love very happy / New York
3	Sue and Peter / regards both very busy / London

1 ● What other news is there?
■ *Well, Scott and Hilary send their regards.*
● Oh, how are they?
■ *They're both very happy in Boston.*

Nehmen Sie nun an den Dialogen teil.

A3 (🔊 2/45)

Sehen Sie sich die Informationen zu Nr. 1 an. Hören Sie den Beispieldialog.

1 Monday
go out for dinner with Scott
Tuesday
see the new offices

2 Wednesday
write to the head office
Thursday
see the director

3 Friday
do my report
Saturday
go to New York

1 ● What did you do on Monday?
■ *I went out for dinner with Scott.*
● Oh, I see.
■ *Yes, and the next day I saw the new offices.*
● Oh, good.

Nehmen Sie nun an den Dialogen teil.

e-mail
e-mail ist die Abkürzung für *electronic mail.*

What news is there?
- Beachten Sie, dass – im Gegensatz zum Deutschen – *news* und *information* im Englischen nicht zählbar sind, z. B. *The news on TV last night was interesting* (nicht ~~*were interesting*~~), *What information can you give me?* (nicht ~~*informations*~~).

Are you free …?
- Beachten Sie den unterschiedlichen Gebrauch der Präpositionen in Verbindung mit *Are you free …?* Wenn wir jemanden zum Essen oder auf einen Drink treffen möchten, fragen wir *Are you free for lunch/dinner/a drink this evening?*
Wenn wir wissen möchten, ob jemand zu einer bestimmten Zeit Zeit hat, fragen wir *Are you free at (two o'clock)/ in the afternoon/on Monday?*

Gebrauch des Apostrophs
- Das Apostroph wird im Englischen für zwei unterschiedliche Zwecke eingesetzt:
■ um die Auslassung von (einem) Buchstaben zu kennzeichnen, z. B. *I've = I have, it's = it is* (oder *it has*), *they're = they are, I'd = I would.*
■ um Besitz anzuzeigen, z. B. *Scott's office.* Beachten Sie den Unterschied zwischen *the director's room* (das Zimmer des Direktors) und *the directors' room* (das Zimmer von zwei oder mehreren Direktoren).

B1 (2/46)

Paul und Mike essen in einem Restaurant in der Nähe ihres Büros zu Mittag.

MIKE: That was delicious.
PAUL: Yes, my fish was very good. Tell me a bit more about Boston. What's Scott doing?
MIKE: Well, at the moment he's very busy. He's planning for the next few weeks. Luckily he's got an excellent assistant. She's dealing with all the publicity materials – she's sending out brochures and invitations to the information day, and so on.
PAUL: Oh, is that next week?
MIKE: No, no, it's in three weeks' time.
PAUL: Is Scott actually working in the office this week?
MIKE: No, he isn't. He's working from home.
PAUL: Oh, why is that then?
MIKE: Because there's a problem with the new computer system in the office.
WAITRESS: Would you like to see the dessert menu now?
PAUL: Yes, please. What would you like, Mike? I can recommend their home-made apple pie.
MIKE: Mm, that sounds good. *(mobile phone rings)*
PAUL: Oh excuse me … Hello, Paul Thornton speaking …

Exercises

B2 (2/47)

Sehen Sie sich die Angaben zu Scott an.
Hören Sie den Beispieldialog.

Scott:
work in the office this week
work from home
There's a problem with the new computer system.

- Is Scott actually working in the office this week?
- *No, he isn't. He's working from home.*
- Oh, why is that then?
- *Because there's a problem with the new computer system.*

Nehmen Sie nun an den Dialogen teil.

Kate:
write the report today
do the accounts
There's a directors' meeting tomorrow.

Sarah:
travel to Manchester by train
fly
There's a 48-hour train strike.

Scott and Hilary:
stay in a hotel
stay with friends
All the hotels are full.

B3 (3/1)

Mike weiß nicht, was er in dem Restaurant bestellen soll. Hören Sie den Beispieldialog.

1 *menu / fish*
2 *dessert menu / home-made apple pie*
3 *wine list / Chardonnay*
4 *menu / lobster*

1
- Would you like to see the menu?
- *Yes, please. What would you like, Mike?*
- I don't know. What do you recommend?
- *I can recommend their fish.*
- Mm, that sounds good.

Sehen Sie sich nun die Angaben aus der Speise-, Dessert- und Weinkarte an. Helfen Sie Mike, eine Wahl zu treffen.

Zu Beginn einer Mahlzeit

- Zu Beginn einer Mahlzeit gibt es in Großbritannien keine Redewendung wie „Guten Appetit". Allerdings wird der amerikanische Ausdruck *Enjoy your meal* immer beliebter, wie auch das französische *Bon appetit.*

actually

- Beachten Sie die Bedeutung von *actually* (tatsächlich, eigentlich) – nicht zu verwechseln mit dem deutschen Wort „aktuell".

It's in three weeks' time

- Man kann entweder *it's in three weeks* oder *it's in three weeks' time* sagen.

Die Speisekarte

- *menu* entspricht „Speisekarte". „Menü" im Sinne einer festgelegten Speisenfolge zu einem Festpreis heißt im Englischen *set lunch/dinner.* Die „Weinkarte" heißt wiederum *wine list* (nicht *wine menu*). Fragen Sie nicht nach ~~*the card/menu card.*~~

(apple) pie

- Eine *pie* ist eine gedeckte Teigform, die mit Fleisch oder Früchten gefüllt und im Ofen gebacken wird.

C1

Mike ist zurück im Büro und muss nach seiner Reise eine Menge Dinge nacharbeiten. Lesen Sie diese Mitteilung, die Mike an Caroline Harding geschrieben hat. Worum geht es in jedem der Punkte 1–4? Nummerieren Sie hier die vier richtigen Themen:

- ☐ advertising agency
- ☐ meeting with Scott
- ☐ budget for opening day in Boston
- ☐ photos
- ☐ free weekend break
- ☐ press statement

Travel Unlimited
Tel: 0171–506 9332

Memo

Date: 24th
To: Caroline H.
From: Mike D.
Concerning: Follow-up / Boston trip

1 Spoke to Scott about publicity texts. In general – OK. He's got a couple of suggestions. Please call him a.s.a.p. to discuss.

2 Re. photos – what size? b/w or colour? negative or print? What's best? NB. lab is waiting for instructions.

3 New contact – design agency in Boston! Hewitt and Aidan – good prices, excellent work. Hewitt in London next month. Scott can arrange a meeting for you – interested?

4 Suggestion: Boston opening day prize – 2 people / Niagara Falls / 3 nights B&B / flight incl.

PS Scott away 26th – 29th

C2

Sehen Sie sich die Mitteilung noch einmal an und markieren Sie die richtigen Informationen.

1 Mike asks Caroline to phone ☐ Hewitt. ☐ Aidan. ☐ Scott.

2 At the moment the photographs are in ☐ Caroline's office. ☐ a laboratory. ☐ Scott's office.

3 Caroline can meet ☐ Hewitt next month. ☐ Aidan ☐ Scott

4 The Boston opening day prize includes ☐ a flight over Niagara Falls. ☐ full board. ☐ accommodation for two.

C3

Es werden viele Abkürzungen in hausinternen Mitteilungen benutzt. Finden Sie die Abkürzungen für folgende Ausdrücke in Mikes Mitteilung:

1 telephone number ________
2 as soon as possible ________
3 bed and breakfast ________
4 black and white ________
5 included *(inklusive)* ________
6 please note *(bitte beachten Sie)* ________
7 postscript *(Post Scriptum)* ________
8 with regard to *(bezüglich)* ________

Re

- *Re* wird hauptsächlich in Geschäftsbriefen verwendet. Es steht für *with regard to* (in Bezug auf, betrifft) und gibt das Thema des Briefes an, z. B. *Re your inquiry of October 12th.*

photograph

- Beachten Sie die folgenden Wortfamilien (Die Betonung der Wörter wird durch ein ' vor der betonten Silbe angezeigt.):

das Produkt	**die Person**	**das Gebiet**
'photograph ('photo)	*pho'tographer*	*pho'tography*
ad'vertisement (ad / 'advert)	*'advertiser*	*'advertising*

Beachten Sie, dass *photograph* nicht „Fotograf/in" entspricht!

Memos

- Hausinterne Mitteilungen in britischen und amerikanischen Firmen haben folgende Merkmale:
  - Häufiger Gebrauch von Abkürzungen, z. B. *ads = advertisements,*
  - Auslassen von Wörtern wie zum Beispiel Artikel, Präpositionen, dem Subjekt des Satzes und Verben, insbesondere dem Verb *to be*, z. B. *interested? = are you interested? Spoke to Scott about publicity texts = I spoke to Scott about the publicity texts.*

C4 (3/2)

Caroline telefoniert mit Scott in Boston. Hören Sie den Dialog auf der CD und schreiben Sie die wichtigen Fakten auf.

Fotos

____

Besprechung mit Tom Hewitt

____

Die Eröffnung in Boston

____

Andere Mitteilungen

____

C5

Schreiben Sie eine Mitteilung an Paul und Mike mit den Nachrichten aus Carolines Telefongespräch mit Scott. Beantworten Sie diese Fragen in der Mitteilung:

When can Scott send the photos? Are they colour? Are they negatives or prints? Where and when has Caroline got a meeting with Tom Hewitt?
What does Scott want to have from the London office for his opening day?
What other messages are there for Paul and Mike?

Travel Unlimited
Tel: 0171–506 9332

Memo

Date: 24th
To:
From:

Concerning:

1 the photos:

2 Hewitt:

3 for the Boston opening:

4 other:

D1 Die einfache Vergangenheit – unregelmäßige Verben

Who **did** he **see?** Where **did** you **go?**	He **saw** Paul. We **went** to a restaurant.	He **didn't see** Caroline. We **didn't go** to a pub.

- Die unregelmäßigen Vergangenheitsformen verhalten sich genau wie die regelmäßigen: für alle Personen wird die gleiche Form benutzt.
- Die Vergangenheitsformen sind sehr unterschiedlich und müssen gelernt werden – zum Beispiel: *go – went, see – saw.*
- Fragen werden mit *did* gebildet: *Who did he see?*
- Die Verneinung wird mit *didn't* gebildet: *He didn't see Caroline.*
- Zeitwörter stehen am Ende eines Satzes oder einer Frage: *I phoned Scott yesterday. Did you phone Paul last week?*

D2

Wie lauten die Vergangenheitsformen der unten aufgeführten Verben? Sie alle kamen in Dialog A dieser Lektion vor. Sie können also zurückblättern, falls Sie sich nicht mehr an alle erinnern.

1 do ________ **5** meet ________

2 give ________ **6** see ________

3 go ________ **7** take ________

4 have ________ **8** write ________

D3

Ergänzen Sie auch diese Vergangenheitsformen. Falls nötig, raten Sie!

had • brought • drank • spoke • was/were • told • said • bought • thought • ate • came • made • did • knew • left

1 be ________ **8** know ________

2 bring ________ **9** leave ________

3 buy ________ **10** make ________

4 come ________ **11** say ________

5 do ________ **12** speak ________

6 drink ________ **13** tell ________

7 eat ________ **14** think ________

D4 Steigerung der Adjektive

His quote was **cheaper** than her quote.
Their quote was **the cheapest.**
His work was **more interesting.**
Their work was **the most interesting.**
His work is **better/worse** than her work.
In fact, it's **the best/worst.**

Die Steigerungsstufe II wird wie folgt aus Steigerungsstufe I gebildet:

-er ➤ *-est:* *bigger than, the biggest*
more ➤ *most:* *more exciting than, the most exciting*

good und *bad* werden unregelmäßig gesteigert: *good, better, (the) best/ bad, worse, (the) worst*

D5

Tragen Sie die richtige Steigerungsform ein.

1 The Nile is (long) ________________ river in the world.

2 New York is one of (exciting) ________________ cities in the world.

3 Houses in Germany are (expensive) ________________ houses in England.

4 A mineral water isn't always (cheap) ________________ drink in a restaurant.

5 She is (popular) ____________ singer in Europe.

6 Munich is (big) ____________ Zurich.

7 Spain is (sunny) ____________ Germany.

8 November is (bad) ____________ month of the year.

9 Paul is (intelligent) ____________ ____________ person at *Travel Unlimited.*

10 A 5-star hotel is (comfortable) ____________ ____________ a 2-star hotel.

D6 Verlaufsform der Verben

Aussage	Verneinung	Frage
I'**m (am) learning** English.	I'**m not learning** …	Why **am I learning** … ?
You'**re (are) learning** English.	You **aren't learning** …	Why **are you learning** … ?
He'**s (is) learning** English.	He **isn't learning** …	Why **is he learning** … ?
She'**s (is) learning** English.	She **isn't learning** …	Why **is she learning** … ?
We'**re (are) learning** English.	We **aren't learning** …	Why **are we learning** … ?
You'**re (are) learning** English.	You **aren't learning** …	Why **are you learning** … ?
They'**re (are) learning** English.	They **aren't learning** …	Why **are they learning** … ?

- Die Verlaufsform wird mit *be* und dem Verb + *ing* gebildet: *She is learning …*
- Die Verneinung wird gebildet, indem man *not* an das Verb *be* anhängt: *She isn't learning …*
- Fragen werden gebildet, indem man das Subjekt und das Verb *be* umstellt: *Is she learning …?*
- Mit der Verlaufsform spricht man über den jetzigen Zeitpunkt oder eine Zeitspanne, die den jetzigen Zeitpunkt mit einschließt, wie zum Beispiel *today, this week* oder *this year.*
- Bemerkung zur Schreibweise: Falls das Verb auf *e* endet, lassen Sie das *e* weg, bevor Sie *-ing* anhängen *(smoke – smoking).*
  Falls das Verb mit der Lautfolge kurzer Vokal + stimmhafter Konsonant endet, so verdoppeln Sie den Konsonanten *(sit – sitting).*

D7

Bilden Sie Sätze, indem Sie die Wörter in die richtige Reihenfolge bringen. Formen Sie die Aussagen dann in verneinte Sätze und Fragen um. (▢ = eine Form des Verbs *be*).

1 working / in / he / office / ▢ / today / the

____

____

____

2 lunch / restaurant / ▢ / they / in / having / the / Chinese

____

____

____

____

____

3 at / it / the / ▢ / moment / raining

____

____

____

Vocabulary

E1

Ordnen Sie die nummerierten Gegenstände im Bild den richtigen Wörtern zu.

	bread		pepper
	butter		salt
	fork		serviette/napkin (US)
	glass		spoon
	knife		sugar
	menu		water

Folgende Fragen können Ihnen im Restaurant nützlich sein:
Excuse me, I haven't got a (serviette).
Excuse me, I haven't got any (bread).
Can I have a (spoon), please?
Can I have some (water), please?

E2

Dies sind die Überschriften der verschiedenen Teile einer Speisekarte:

1 *Starter* 4 *Vegetarian*
Main course 5 *Side dishes*
2 *Meat* 6 *Dessert*
3 *Fish* *Coffee*

Schreiben Sie die Nummer des entsprechenden Teils der Speisekarte neben jedes Gericht.

- Aubergines provençales
- Mixed vegetables
- Cheese and biscuits
- New potatoes or chips
- Fruit salad and ice cream
- Chicken supreme
- Nut roast
- Chocolate gateau
- Prawn cocktail
- Dover sole
- Rice
- Roast pork
- Lamb casserole
- Scottish salmon
- Macaroni cheese
- Soup of the day
- Mixed salad
- Trout

Überprüfen Sie Ihre Antworten anhand der CD (3/3).

E3 (3/4)

Hören Sie das Gespräch in einem Restaurant. Sehen Sie sich die Wörter in Übung **E2** an und markieren Sie die Vorspeisen und die Hauptgerichte, die bestellt werden.

E4 (3/5)

Die Mahlzeit ist beendet und es ist an der Zeit, die Rechnung zu bezahlen. Hören Sie den Text auf der CD und vervollständigen Sie die Fragen mit den folgenden Wörtern:

accept • bill • cheque • credit cards • have • have • included • pay • receipt • service charge

■ Excuse me, can I **(1)** ______________ the **(2)** ______________ , please?
● Do you **(3)** ________________ **(4)** ________________ ?
■ Can I **(5)** ____________ by **(6)** ________________ ?
● Is a **(7)** ________________ **(8)** ____________________ ?
■ Can I **(9)** ______________ a **(10)** ______________ , please?

Speaking

E5 (3/6)

Bearbeiten Sie die mündlichen Übungen auf Ihrer CD.

Writing

E6 (3/7)

Sie werden jetzt ein Diktat schreiben. Lesen Sie zunächst die Dialoge A und B, um sich an die wichtigen Wörter zu erinnern. Hören Sie sich das Diktat so oft wie nötig an. Überprüfen Sie Ihren Text anhand des Schlüssels.
So fängt das Diktat an:

Paul asked Mike …

F1 Useful expressions

In dieser Lektion haben Sie folgende Redewendungen geübt:

Um etwas bitten
I've got one urgent request.
Could you e-mail some text samples from next year's catalogue to Scctt's office, please?

Eine Meinung äußern
Oh, that's good.
It was very interesting.
That was delicious.

Nach weiteren Neuigkeiten fragen
What other news is there?

Jemanden zum Essen einladen
(Listen Mike,) are you free for lunch tomorrow?

Terminpläne bestätigen
Is that next week? – No, it's in three weeks' time.

Nach Gründen fragen und solche angeben
Why is that then? – Because there's a problem with the new computer system in the office.

Empfehlungen geben und auf solche reagieren
I can recommend their home-made apple pie. – Mm, that sounds good.

F2 Extra vocabulary (3/8)

Hören Sie die zusätzlichen Vokabeln auf Ihrer CD, damit Sie wissen, wie die Wörter ausgesprochen werden.

You can pay by cheque.	*Sie können per Scheck zahlen.*
by credit card.	*mit Kreditkarte*
by traveller's cheque.	*mit Reiseschecks*
by direct debit.	*per Abbuchung*
by bank transfer/in cash.	*per Banküberweisung/bar.*
The design agency gave us	*Die Werbeagentur gab uns*
a price list/an invoice/a bill.	*eine Preisliste/eine Rechnung.*
an estimate/a quote.	*machte uns einen Kostenvoranschlag/ein Preisangebot.*
I'd like to see the budget.	*Ich würde gerne den Finanzplan sehen.*
marketing plan.	*den Marketingplan*
sales forecast.	*die Absatzprognose*
draft publicity materials.	*die Werbeentwürfe*
She's sending out the	*Sie schickt … heraus.*
brochures/invitations.	*die Broschüren/die Einladungen*
leaflets/catalogues.	*die Handzettel/die Kataloge*
order forms.	*die Bestellformulare*
I think it's time for breakfast.	*Ich glaube, es ist Zeit für das Frühstück.*
a snack/lunch.	*einen Snack/das Mittagessen.*
dinner/supper.	*das Abendessen/das Abendbrot.*
Where's the nearest bank?	*Wo ist die nächste Bank?*
post office/phone box?	*die Post/die Telefonzelle?*
restaurant/pub?	*das Restaurant/die Kneipe?*
snack bar/coffee bar/café?	*die Snack Bar/das Café?*
That sounds good.	*Das hört sich gut an.*
That smells delicious.	*Das riecht köstlich.*
That tastes awful.	*Das schmeckt fürchterlich.*
That looks fantastic.	*Das sieht fantastisch aus.*
That feels disgusting.	*Das fühlt sich widerlich an.*

F3 Conversation (3/9)

Hören Sie die Anleitungen auf der CD und nehmen Sie am Gespräch teil.

Lektion 8

The Boston branch

A1 (3/10)

Die offizielle Eröffnung der Bostoner Niederlassung von *Travel Unlimited* war außerordentlich erfolgreich. Lynne Jackson, Scotts persönliche Assistentin, ist jetzt mit ihren neuen Angestellten beschäftigt. Sie instruiert Tanya, die als Sachbearbeiterin in der Buchhaltung eingestellt wurde.

LYNNE: Right now part of your job is with invoices – customer billing. The invoices for the day's bookings are printed out and given to you every afternoon. Then you send them out with a letter of confirmation.

TANYA: Right.

LYNNE: All our standard letters and forms are stored on the computer, of course. And you must remember to include travel insurance details. Have you got any questions so far, Tanya?

TANYA: No, that's all very clear, thank you.

LYNNE: Right now, here's your ID card. Please remember, you mustn't give it to anyone else. You can read all about our flexi-time system in your staff manual. You must clock in and out every day. Put your card in the slot in the machine and then punch in your ID number. Don't forget to do it – you don't want to lose hours!

Exercises

A2 (3/11)

Hören Sie die CD und sprechen Sie nach. Hören Sie zuerst ein Beispiel.

- *Have you got any questions so far?*
  No, that's all very clear, thank you.
  You can always ask me later.

A3 (3/12)

Sehen Sie sich Bild 1 an. Hören Sie den Beispieldialog.

1
- How do I clock in and out?
- *Put your card in the slot and then punch in your ID number.*
- Right.

Sehen Sie sich nun Bilder 1 - 4 an und nehmen Sie an den Dialogen teil.

1

punch in: ID number

2

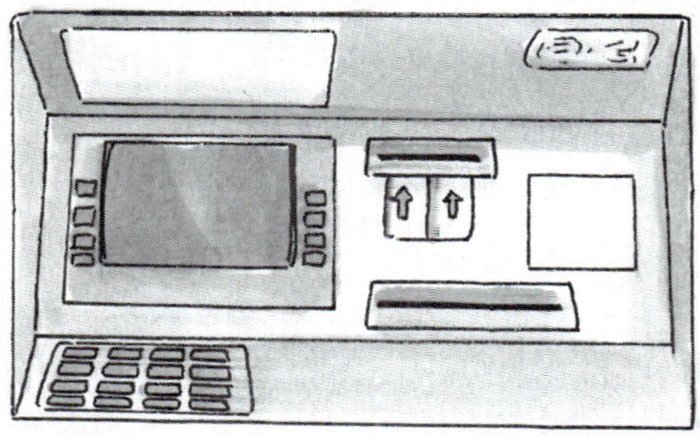

punch in: account number

3

dial: telephone number

4

open: door

Personalausweis
- Personen, die in Großbritannien wohnhaft sind, haben keinen Personalausweis. Wenn man sich ausweisen muss, zeigt man seinen Reisepass, Führerschein, etc.
- *ID Cards* werden von vielen Firmen auf dem Firmengelände benutzt. Besuchern gibt man einen *Visitor's badge*, nachdem sie sich in das *Visitor's Book* eingetragen haben.

Flexi-time
- In vielen Firmen ist Gleitzeit üblich. Normalerweise müssen Angestellte zwischen 10.00 Uhr morgens und 16.00 Uhr nachmittags an ihrem Arbeitsplatz sein (dies ist ihre *core time*), aber sie können auch, wenn sie möchten, früher beginnen und später aufhören.

B1 (🔊 3/13)

Scott und Lynne besprechen *Travel Unlimiteds* Strategie für das nächste Jahr. Scott hat eine E-Mail erhalten, die die Pläne des Londoner Hauptsitzes umreißt.

SCOTT: … and this came yesterday morning from Paul Thornton. It's part of the company's five-year plan.
LYNNE: Is it something we can adopt here in the States, too?
SCOTT: Yes, I hope so. It's about a new marketing initiative to attract more disabled customers.
LYNNE: Oh, that sounds good.
SCOTT: Yes, in addition to our new "green" holidays next year, we're going to assess all our holiday offers from the point of view of disabled customers.
LYNNE: You mean we're going to offer special holidays for groups of disabled people?
SCOTT: No, that's not the idea. Our representatives are going to inspect all the hotels we use so that we can include more detailed information on the facilities for disabled people in our brochures.
LYNNE: Are they only going to look at hotels?
SCOTT: No, Paul is going to contact the airlines and train companies about the help they offer. And Caroline is going to send out a questionnaire to local tourist offices about their facilities.
LYNNE: Mm, it could be quite an interesting new market.

Exercises

B2 (3/14)

Sehen Sie sich den Kasten an. Hören Sie den Beispieldialog.

1	plan / 5 years
2	training course / 3 weeks
3	strike / 2 days
4	contract / 6 months

1 ● They approved the plan last week.
■ *You mean the five-year plan?*
● Yes, that's right.

Sehen Sie sich nun die Informationen in den Kästchen 1–4 an und nehmen Sie an den Dialogen teil.

B3 (3/15)

Ordnen Sie die folgenden Informationen einander zu.

1	Paul/contact	a	the new staff
2	Representatives/inspect	b	the airlines
3	Caroline/send out	c	the hotels
4	Mike/train	d	a questionnaire

Hören Sie nun den Beispieldialog.

1 ● Who's Paul going to contact?
■ *He's going to contact the airlines.*
● Oh, that's good.

Nehmen Sie nun an den Dialogen teil.

***some* in Fragen, wenn eine positive Antwort erwartet wird.**
Any wird normalerweise in wirklichen Fragen benutzt, bei denen der Sprecher noch keine vorgefasste Vorstellung von der Antwort hat, z.B. *Have you got any appointments today? Some* wird indes in Fragen benutzt, bei denen wir eine bejahende Antwort erwarten oder die eine Art Einladung, Angebot, Aufforderung darstellen, z.B. *Could I have some brown envelopes, please? Would you like some tea?* In Dialog 2 lautet die Frage: *Is it something we can adopt here in the States, too?*

C1

Tanya ist neu bei *Travel Unlimited* und hat einen Firmenausweis erhalten. Sehen Sie sich die Hinweise zur Benutzung der Karte an.
Sind diese Aussagen wahr (T = true) oder falsch (F = false)?

1 Tanya must keep her identity card in her office at work.
2 Other people must not use Tanya's ID card.
3 Personnel keeps all the identity cards at the end of the day.
4 Employees are asked to tell the manager their ID numbers.
5 The password is changed every month.
6 It doesn't matter which way you put the card into the slot.
7 Tanya must punch in her ID number before the password.
8 The green button is pressed before the blue button.
9 Tanya must press the green button before she can get her card out of the machine.

Travel Unlimited

ID cards, pin numbers and passwords
- You must have your ID card with you at all times in the building.
- You must not allow other people to use your ID card.
- Do not reveal your ID number to another person.
- If you lose you ID card, please report it to Personnel immediately.
- The password is changed on the 5th of every month.

Clocking in and out
- Put your card into the slot with the photo next to the clock.
- Punch in your identity number and then the password.
- Press the red button.
- When the clock shows the date and time, press the blue button.
- Then press the green button and take your card out of the slot.

C2

Folgende Informationen zur Gleitzeit stehen in Tanyas Mitarbeiterhandbuch.

Flexi-time
- The building is open from 6.30 am to 8 pm, Monday through Friday.
- All employees must be at work from 10 am to 4 pm.
- A one-hour break for lunch is allowed.
- Employees are contracted to work 40 hours a week.
- Employees are not paid for overtime.
- Employees are allowed to take a maximum of 2 days holiday per month to compensate for overtime.

Tragen Sie nun *can, can't* oder *must* in diese Sätze ein.

1 Tanya ________ start at 6.30 am if she wants to.
2 She ________ start at 11 am.
3 She ________ be in the office at 3 pm.
4 She ________ finish work at 4 pm if she wants to.
5 She ________ work until 8 pm if she wants to.
6 She ________ work 40 hours a week.
7 She ________ compensate for overtime.
8 She ________ take more than 2 days holiday a month as compensation for overtime.

C3 (3/16)

Lynne führt Tanya durch die Bostoner Niederlassung. Hören Sie den Text auf der CD und sehen Sie sich den Büroplan auf der nächsten Seite an. Schreiben Sie die Raumnummern neben die entsprechenden Räume auf der Liste. (Sie werden die Wörter *opposite* und *next to* hören. Falls Sie sich hinsichtlich der Bedeutung nicht sicher sind, schlagen Sie sie in der Wortliste nach, bevor Sie den Text hören).

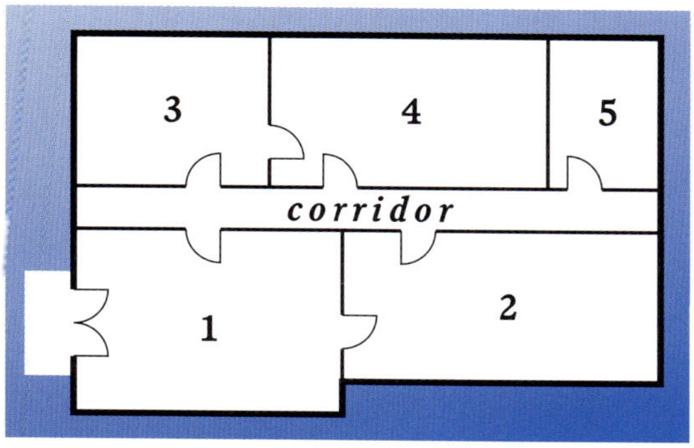

- [ ] accounts department
- [ ] manager's office
- [ ] marketing department
- [ ] publicity department
- *1* reception area
- [ ] staff room

Hören Sie sich den Text noch einmal an. Wo arbeiten diese Personen?

Debbie works in the ______________ .
Sam works in the ______________ .
Scott works in the ______________ .
Lynne works in the ______________ .

C4

In diesem Auszug eines Briefs von Tanya erzählt sie einem Freund etwas über ihren neuen Job.

Tragen Sie die folgenden Redewendungen an den passenden Stellen ein:
of their names • accounts department • all the offices • the reception area • last Monday • my new colleagues • my new job • my ID card

Schreiben Sie dann die folgenden Wörter in die Kästchen:
and • but • then • where

I'd like to tell you about ______________ ______________ [ ] I'm working as an assistant in the ______________ ______________ . It was my first day there ______________ [ ] Lynne Jackson, the manager's PA, gave me ______________ . She showed me ______________ ______________ , [ ] we went to my office, opposite ______________ ______________ . She also introduced me to ______________ , [ ] I can't remember all ______________ ______________ .

Arbeitszeiten

- Traditionellerweise öffnen Geschäfte und Büros in Großbritannien um 9.00 Uhr und schließen um 17.30 Uhr. Es kommt jedoch immer öfter vor, dass Geschäfte längere Öffnungszeiten haben. Größere Firmen bieten auch vermehrt Telefondienste außerhalb der normalen Bürozeiten an.
- In Europa ist man oft überrascht darüber, dass Amerikaner längere Arbeitszeiten haben und weniger Urlaub. Die *Boston Branch* (Bostoner Niederlassung) von *Travel Unlimited* hat eine 40-Stunden Woche, während in Großbritannien Büros wahrscheinlich eine 38-Stunden Woche haben.

***Monday through Friday* (Montag bis Freitag)**

- Beachten Sie, dass im amerikanischen Englisch die Präposition *through* in Ausdrücken wie zum Beispiel *Monday through Friday* benutzt wird. Im britischen Englisch wird die Präposition *to* verwendet: *(from) Monday to Friday.*

D1 Die Passivform der einfachen Gegenwart

Aktiv: The secretary **checks** the bookings every afternoon.
Passiv: The bookings **are checked** every afternoon.
Aktiv: She also **gives** Tanya a letter of confirmation for every customer.
Passiv: A letter of confirmation **is** also **given** to Tanya.

- Die Passivform der einfachen Gegenwart wird gebildet mit einer einfachen Gegenwartsform von *be* (*am, is* oder *are*), gefolgt vom Partizip Perfekt.
- Das Partizip Perfekt von regelmäßigen Verben hat die gleiche Form wie die einfache Vergangenheit: *check – checked – checked.*
- Das Partizip Perfekt von unregelmäßigen Verben hat gewöhnlich eine andere Form als die einfache Vergangenheit: *give - gave - given.*

D2

Schreiben Sie die Passivformen der Verben in Klammern. Sie benötigen folgende Partizipien:

done • given • made • sent • sold • spoken • taken • written

1 The invoices (send) ______________ out every day.

2 The letters of confirmation (give) ______ ______________ to Tanya.

3 The work (make) ______________ a lot easier by the computer.

4 Travel insurance (sell) ____________ __________ to the customers.

5 Late tickets (take) ______________ directly to the airport.

6 French (speak) ______________ at the information desk.

7 A report (write) ______________ by Scott every week.

8 The design work (do) ____________ __________ by a company in Boston.

D3 Die Befehlsform

Befehlsform: Put your card in the slot.
Verneinte Befehlsform: Don't forget to do it.

- Die Befehlsform ist mit der Grundform des Verbs identisch; *you* wird nicht gebraucht.
- Die verneinte Befehlsform wird gebildet, indem man *don't* vor das Verb setzt.

D4

Was würden Sie einer Person raten, die morgen zu einem Vorstellungsgespräch geht? Vervollständigen Sie diese Sätze mit der richtigen Befehlsform dieser Verben:

arrive • be • drink • go • have • plan

1 ______________ to bed too late this evening.
2 ______________ some questions to ask.
3 ______________ late for the interview.
4 ______________ a good breakfast tomorrow morning.

5 ______________ any alcohol just before the interview.
6 ______________ confident and friendly at the interview.

D5 *Must* und *mustn't*

Aussage:	You **must** clock in and out every day. *Sie müssen …*
Verneinung:	You **mustn't** give your card to another employee. *Sie dürfen … nicht …*

Die Verneinung von *must* ist *mustn't (must not).* Beachten Sie, dass *mustn't* nicht das gleiche bedeutet wie „müssen nicht" im Deutschen. *mustn't* entspricht „dürfen nicht"

D6

Bringen Sie diese Wörter in die richtige Reihenfolge. ▒ = *must* oder *mustn't*

1 forty / ▒ / She / hours / week / a / work
2 lunch / She / longer / hour / than / ▒ / an / for / take
3 the / 10 / arrive / in / later / ▒ / than / She / o'clock / morning
4 ▒ / clock / day / in / She / every
5 ID / another / give / person / She / her / to / number / ▒
6 She / password / learn / ▒ / every / a / month / new

D7 Die Zukunft mit *going to*

Aussage	Frage	Verneinung
I'**m going to see** her tomorrow.	**Am** I **going to see** …?	I'**m not going to see** …
You'**re going to do** it tomorrow.	**Are** you **going to do** …?	You **aren't going to do** …
He'**s going to meet** her tomorrow.	**Is** he **going to meet** …?	He **isn't going to meet** …
She'**s going to ask** him tomorrow.	**Is** she **going to ask** …?	She **isn't going to ask** …
We'**re going to visit** her tomorrow.	**Are** we **going to visit** …?	We **aren't going to visit** …
You'**re going to work** tomorrow.	**Are** you **going to work** …?	You **aren't going to work** …
They'**re going to buy** it tomorrow.	**Are** they **going to buy** …?	They **aren't going to buy** …

- *going to* wird benutzt, um über Pläne und Absichten in der Zukunft zu sprechen.
- Der *going to*-Teil der Stuktur bleibt immer gleich und folgt der einfachen Gegenwartsform von *be.*

D8

Sehen Sie sich diese vier Sätze an und folgen Sie dann den untenstehenden Anweisungen.

1 I'm going to work at home tomorrow.
2 I worked at home yesterday.
3 I work at home every Friday.
4 I'm working at home today.

a) Formen Sie die Sätze um und beginnen Sie jeden Satz mit *She …*

____

____

____

____

b) Formen Sie nun die *she*-Sätze in verneinte Sätze um.

____

____

____

____

Vocabulary

E1

Sehen Sie sich die Bilder an.
Welches ist die jeweils richtige Präposition?

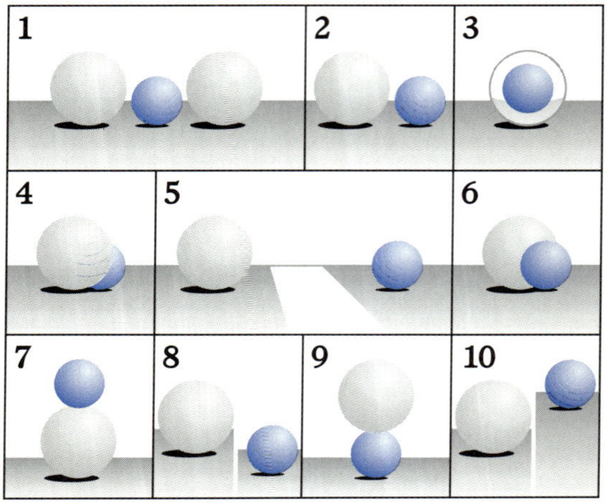

- next to
- between
- in
- behind
- opposite
- in front of
- below
- on
- above
- under

Bei den Präpositionen oben gibt es drei Paare mit gegensätzlichen Bedeutungen. Tragen Sie die Nummern hier ein:

E2

Schreiben Sie folgende Wörter neben die Bilder.

computer • *fax machine* • *waste bin* • *filing cabinet* • *chair* • *lamp* • *safe* • *desk* • *bookcase* • *telephone* • *office chair* • *photocopier* • *table*

E3 (3/17)

Wo sind die Gegenstände 1–13 (aus Übung **E2**) in diesem Büro? Hören Sie den Text auf der CD und tragen Sie die Nummern an den richtigen Stellen ein.

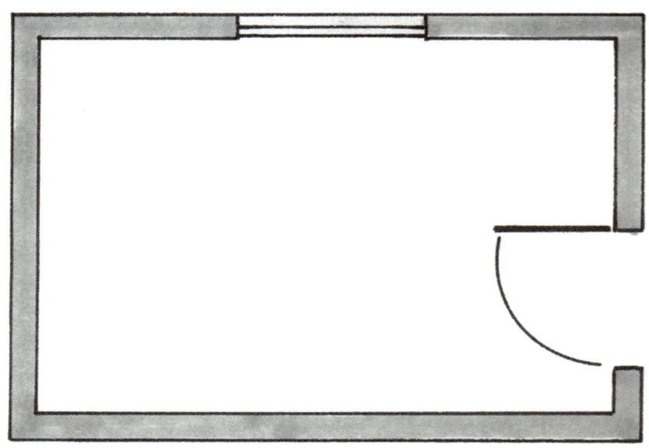

Speaking

E4 (3/18)

Bearbeiten Sie die mündlichen Übungen auf Ihrer CD.

Writing

E5 (3/19)

Sie werden jetzt ein Diktat schreiben. Lesen Sie zunächst die Dialoge A und B, um sich an die wichtigen Wörter zu erinnern. Hören Sie sich das Diktat so oft wie nötig an. Überprüfen Sie Ihren Text anhand des Schlüssels.
So fängt das Diktat an:

Lynne and Tanya work for the Boston branch of Travel Unlimited …

F1 Useful expressions

In dieser Lektion haben Sie folgende Redewendungen geübt:

Abfolgen beschreiben
Bookings are checked every afternoon.
The invoices are then given to Tanya.
After that, she can send out the invoices and confirmations.

Einen Zweck angeben
They're going to inspect the hotels they use so that they can include …

Verpflichtungen und Regeln ausdrücken
You must clock in and out every day.
Don't forget to do it.
You mustn't give your ID card to anyone else.

Über Pläne für die Zukunft sprechen
They're going to assess all their holiday offers.
Paul is going to contact the airlines.
Are they only going to look at hotels?

Anweisungen geben
Put your card in the slot and then punch in your ID number.

Überprüfen, ob alles verstanden wurde
Have you got any questions, so far?

Hoffnung ausdrücken
Is it something we can adopt, too? – Yes, I hope so.

F2 Extra vocabulary (3/20)

Hören Sie die zusätzlichen Vokabeln auf Ihrer CD, damit Sie wissen, wie die Wörter ausgesprochen werden.

Your job is with customer billing.	*Ihre Arbeit umfasst das Ausstellen von Kundenrechnungen.*
invoices.	*Rechnungen.*
late payments.	*verspätete Zahlungen.*
customer complaints.	*Beschwerden von Kunden.*
group bookings.	*Gruppenbuchungen.*
individual bookings.	*Einzelbuchungen.*
We inform customers about	*Wir informieren Kunden über*
travel insurance.	*Reiseversicherungen.*
health insurance.	*Krankenversicherungen.*
car insurance.	*Kfz-Versicherungen.*
accident insurance.	*Unfallversicherungen.*
I work flexi-time/fixed hours.	*Ich habe Gleitzeit/feste Arbeitszeiten.*
I work shifts.	*Ich arbeite in Schichten.*
split shifts.	*in gestaffelten Schichten.*
part-time/full time/nights.	*halbtags/ganztags/nachts.*
It's in the staff manual.	*Es steht im Mitarbeiterhandbuch.*
instruction booklet.	*im Anleitungsbüchlein.*
department handbook.	*im Abteilungshandbuch.*
town guide.	*im Stadtführer.*
code of practice.	*in den Verhaltensregeln.*
company regulations.	*in den Firmenvorschriften.*
publicity file.	*in der Akte Werbung.*
They're going to ask about their facilities/services.	*Sie werden sich nach ihren … erkundigen. Angeboten/Dienstleistungen.*
What colour is it? It's black/blue/brown/green/grey/orange/pink/purple/red/turquoise/white/yellow.	*Welche Farbe hat es? Es ist schwarz/blau/braun/grün/grau/orange/rosa/purpur/rot/türkis/weiß/gelb.*

F3 Conversation (3/21)

Hören Sie die Anleitungen auf der CD und nehmen Sie am Gespräch teil.

Lektion 9

The annual planning meeting

A1 (3/22)

Tanya ist jetzt seit drei Monaten bei *Travel Unlimited.* Lynne, Scott Wrights Assistentin, spricht mit Tanya in der Kaffeeküche. Die meisten Mitarbeiter der Bostoner Niederlassung fahren in der nächsten Woche nach London zum Jahresplanungstreffen der Firma.

LYNNE: Sam thinks you're doing very well Tanya. He says you are learning about the travel business very quickly.
TANYA: Thank you. I really like it here. And I'm very excited about the trip to London next week.
LYNNE: Have you been to London before?
TANYA: No, I haven't.
LYNNE: Have you ever been to the UK?
TANYA: No, in fact I've never been to Europe at all.
LYNNE: Well, I'm sure you'll enjoy London, and you'll have a bit of time to go sightseeing.
TANYA: Oh good. And the planning meeting will be interesting for me, too.
LYNNE: It'll be nice for us to spend some time with the London staff.
TANYA: Yes, I'm looking forward to meeting them.
LYNNE: By the way, don't forget to fax Office Supplies before we go. Scott needs some more business cards urgently.
TANYA: Okay.
LYNNE: And you *will* finish all the invoices today, won't you?
TANYA: Yes, of course.

Fax

- *Fax* existiert als Nomen (*to send a fax* – ein Fax senden) und als Verb (*to fax something to someone* – jemandem etwas faxen).
- Andere Nomen, die ebenfalls als Verben benutzt werden, sind z. B. *to xerox something* (etwas fotokopieren; *a xerox* = eine Fotokopie), *to bin something* (etwas wegwerfen; *a bin* = ein Abfalleimer/-korb), *to diary something* (etwas in den Terminkalender schreiben; *a diary* = ein Terminkalender).

Großbuchstaben

- Im Englischen werden normalerweise nur Eigennamen großgeschrieben wird (z. B. *Travel Unlimited*). In Überschriften und Titeln werden jedoch oft Großbuchstaben für die wichtigsten Wörter benutzt, z. B. *Minutes of the Annual Planning Meeting.*

(not) at all

- *at all* in Fragen und *not at all* in verneinten Sätzen bedeutet *(not) in any way* (überhaupt [nicht]), z. B. *I've never been to Europe at all.*

To spend time; to spend money

- Beachten Sie, dass das gleiche Wort *(spend)* in beiden Ausdrücken benutzt wird (Zeit verbringen, Geld ausgeben). Die zugehörige Präposition heißt *on: spend money/time on something* (Geld/Zeit für etwas ausgeben/auf etwas verwenden).

In fact

- Durch *in fact* (ebenso wie durch *actually*) wird eine Aussage um eine genauere Angabe ergänzt.

Exercises

A2 (3/23)

Hören Sie den Text auf der CD und sprechen Sie nach. Hören Sie zunächst ein Beispiel.

▪ *I'm very excited about the trip to London. I'm looking forward to meeting them.*

A3 (3/24)

Sehen Sie sich diese Liste mit Städten und Ländern an. Hören Sie den Beispieldialog.

1	London/the UK
2	New York/the USA
3	Montreal/Canada
4	Bombay/India
5	Sydney/Australia

1 ● Have you ever been to London?
▪ *No, I haven't. In fact, I've never been to the UK at all.*
● Oh, haven't you?

Sehen Sie sich nun die Informationen an und nehmen Sie an den Dialogen teil.

B1 (🔊 3/25)

Die Jahresplanungssitzung von *Travel Unlimited* findet gerade in London statt. Derek, der in der Hauptgeschäftsstelle am Empfang arbeitet, isst mit Tanya in einer *sandwich bar* zu Mittag.

TANYA:	Oh, this sandwich is good. I was really hungry.
DEREK:	So was I.
TANYA:	Have you ever been to the States, Derek?
DEREK:	Yes, I have.
TANYA:	When did you go there?
DEREK:	I went to Florida with a friend two years ago. Perhaps we'll go back again next year and hire a car.
TANYA:	Maybe I'll come back here for a holiday next year, and see more of the UK.
DEREK:	That's a good idea. You haven't got much free time this week, have you? All those meetings ...
TANYA:	Yeah, and then there's the Travel Association's annual dinner on Thursday.
DEREK:	What about the weekend? Will you still be here then?
TANYA:	No, I won't. Our return flight leaves at six on Friday.
DEREK:	Oh, that's a pity. It's a bank holiday weekend and there's a big open-air concert in Hyde Park.
TANYA:	Oh, that sounds good. I'm sorry I won't be here for it.
DEREK:	Oh well, next year perhaps.
TANYA:	I hope so.

Exercises

B2 (3/26)

Hören Sie den Text auf der CD und sprechen Sie nach. Achten Sie dabei besonders auf die Aussprache und die Satzmelodie.

- *Oh, this sandwich is good.*
  I was really hungry.
  Oh, this Coke is good.
  I was really thirsty.

B3 (3/27)

Sehen Sie sich die Informationen in Zeile 1 an. Hören Sie den Beispieldialog.

1	Florida / with a friend / 2 years
2	Paris / on business / 6 months
3	Vancouver / for a holiday / a year
4	Milan / for a conference / 3 weeks

1
- Have you ever been to the States?
- *Yes, I have. I went to Florida with a friend two years ago.*
- Oh, did you?

Nehmen Sie an den Dialogen teil.

Sandwich bars

- *Sandwich Bars* findet man in London und vielen anderen Städten Großbritanniens häufig. Sie sind zur Mittagszeit bei Büroangestellten und Verkäufer(inne)n sehr beliebt. Man kann die Sandwiches entweder gleich dort essen oder sie (auch vorbestellt) mitnehmen. Lieferungen an den Arbeitsplatz werden ebenfalls von *Sandwich Bars* angeboten.

Ein Auto mieten

- Im britischen Englisch wird zwischen *hire* und *rent* oft nicht unterschieden. Allerdings benutzt man *hire* normalerweise, wenn man etwas für eine kurze Zeit mietet (z. B. ein Auto für einen Urlaub, einen Anzug für eine Hochzeit) und *rent*, wenn man etwas für längere Zeit mietet (z. B. eine Wohnung).
- Im amerikanischen Englisch benutzt man *hire* (einstellen) für Personen. Daher kommt der Ausdruck *hire and fire* (d. h. jemanden kurzfristig einstellen und entlassen). Im britischen Englisch benutzt man *hire* bei einer Person nur für einen bestimmten Zweck oder für eine kurze Zeit (z. B. einen Fotografen beauftragen, eine Werbeagentur beauftragen, beim Verkauf eines Produktes zu helfen).

Bank holidays

- Im britischen Englisch sind *bank holidays* offizielle Feiertage, an denen Banken und die meisten Geschäfte geschlossen sind. Die meisten nicht-kirchlichen gesetzlichen Feiertage in Großbritannien fallen auf einen Montag, der letzte Montag im August ist z. B. ein *bank holiday.*
- Im amerikanischen Englisch bezeichnet *bank holiday* einen Zeitraum, während dem die Banken geschlossen sind. Das geschieht normalerweise auf Anweisung der Regierung, um finanzielle Schwierigkeiten zu vermeiden.

Hyde Park

- Hyde Park ist eine von Fußwegen durchzogene ca. 135 ha große Parklandschaft. Berühmt sind u. a. der *Serpentine Lake* zum Bootfahren und Schwimmen, *Rotten Row* für Reiter und *Speakers' Corner* in der Nähe des *Marble Arch.* Das Programm der beliebten Freiluftkonzerte im Hyde Park umfasst klassische Musik, Jazz, Militär- und Blasmusikkapellen.

I'm sorry I won't be here for it.

- Beachten Sie, dass das Wort *that* im Englischen nach *I'm sorry* weggelassen werden kann.

C1

Die Mitarbeiter der Bostoner Niederlassung sind in London zur Jahresplanungsversammlung von *Travel Unlimited* eingetroffen. So sieht ihr Programm aus.

PROGRAMME

Travel Unlimited
Annual Planning Meeting
8th September –
12th September

MONDAY		Arrival in London (details and map enclosed)
		Boston and Rome staff – Adelphi Hotel
		Paris, Tokyo and Vancouver staff – Regency Hotel
TUESDAY	10.00	Opening session 'Annual Review' – Jim Vallance MD
	13.00	Lunch
	14.30	Departmental meetings
	17.30	Free for the evening
WEDNESDAY	10.00	Reports from departmental meetings
	13.00	Lunch
	14.30	Board of Directors meeting
		Other staff free for sightseeing tour
	19.30	Dinner with Directors at Luigi's in Covent Garden
THURSDAY	10.00	Presentation and discussion of future plans – Jim Vallance MD
	13.00	Lunch
	14.00	Final session
	20.00	Travel Association Annual Dinner at the Plaza Hotel, Hyde Park
FRIDAY	10.00	Round-up session followed by informal lunch at Head Office.
		Departure of overseas staff

Wednesday breakfast

Hi there,
The weather is awful, but I'm having a great time here. We're staying at the (1) ______________ Hotel with employees from (2) ______________. The company has offices in (3) __________ countries, including the UK). We're working very hard, but this afternoon we're (4) ______________ and we (5, do) ______________ a sightseeing tour. I'm looking forward to tomorrow evening when we're going to the (6) ____________ Hotel for the TA (7) ____________ Dinner.
I (8, be) ______________ sad on Friday when my plane (9, leave) ______________!

See you soon. Love, Tanya

Sehen Sie sich das Programm an und vervollständigen Sie Tanyas Postkarte an ihre Eltern.

Mittagspause
- In Großbritannien ist die Mittagspause traditionell zwischen 13.00 Uhr und 14.00 Uhr. Bei Betrieben mit Gleitzeit ist es allerdings inzwischen üblich, kürzere Mittagspausen zu machen.

Stadtbesichtigungen in London
- In London gibt es das ganze Jahr hindurch Stadtrundfahrten, normalerweise in *open-top double-decker busses* (Doppeldecker-Busse mit offenem Dach). Man bezahlt einen *flat fare* (Einheitspreis) und kann, wenn man möchte, die Rundfahrt beliebig unterbrechen (z.B. um berühmte Sehenswürdigkeiten zu besuchen).

Covent Garden
- Dieser Bezirk von London war bis 1974 ein Obst- und Gemüsemarkt. Die Gegend wurde saniert und der Markt 1981 als Covent Garden Piazza wieder eröffnet; die Piazza zählt zu den lebhaftesten Gegenden Londons. An jeder Ecke finden Freiluftveranstaltungen statt; es gibt Weinlokale, Restaurants und eine große Auswahl interessanter Läden. Das weltberühmte Königliche Opernhaus befindet sich im gleichen Bezirk.

C2 (3/28)

Hören Sie vier Ausschnitte aus den Berichten, die am Mittwoch Morgen bei der Jahresplanungsversammlung vorgetragen wurden. Ordnen Sie mit den Zahlen 1–4 die Ausschnitte der richtigen Abteilung zu.

finance		marketing	
public relations		training	

C3

Travel Unlimited hat in einer Illustrierten eine Fragebogenaktion durchgeführt, um neue Kunden zu gewinnnen. Beantworten Sie die Fragen in vollständigen Sätzen und benutzen Sie dabei die Informationen in den Klammern.

1 Have you ever been on a Travel Unlimited holiday?
(no, never) ______

2 Which countries have you been to in the last three years?
(France, Spain, Sweden) ______

3 Where did you go last year?
(Spain) ______

4 Which airline did you fly with?
(not fly, drive) ______

5 Where are you going to spend your next holiday?
(2 weeks, Scotland, next June) ______

6 Have you been there before?
(yes twice) ______

7 Will you use the same travel company again next year?
(no, because … too expensive) ______

8 Would you like us to send you our new brochure?
______

D1 *Have you (ever) …?*

Have you ever **been** to London?	Yes, I/we **have.**	No, I/we **haven't.**
Has he/she ever **been** to Boston?	Yes, he/she **has.**	No, he/she **hasn't.**
Have they **been** to India before?	Yes, they **have.**	No, they **haven't.**

I**'ve been** to London.	I **haven't been** to Dublin.	I**'ve** never **been** to Ireland.
He**'s been** to Boston.	He **hasn't been** to Vancouver.	He**'s** never **been** to Canada.
They**'ve been** to India.	They **haven't been** to Spain.	They**'ve** never **been** to Europe.

- Mit der Frage *Have you ever …?* fragt man nach der Zeitspanne, die die gesamte Vergangenheit bis zum jetzigen Zeitpunkt umfasst.
- Diese Verbform *(present perfect simple* genannt) wird mit dem Verb *has/have* + Partizip Perfekt gebildet.

D2

In der letzten Lektion haben Sie die Partizip-Perfekt-Formen folgender unregelmäßigen Verben kennen gelernt. Wie lauten sie?

do	________	send	________
give	________	speak	________
make	________	take	________
sell	________	write	________

Hier sind noch einige weitere Verben mit dem passenden Partizip Perfekt:

be – been, drink – drunk, eat – eaten, meet – met, see – seen

D3

Vervollständigen Sie die Sätze mit den richtigen Formen des jeweiligen Verbs.

1 (speak) ______ you ever ______ to a film star?
2 (meet) ______ she ever ______ your boss?
3 (see) They ______ never ______ the sea!
4 (eat) I ______ ______ Japanese food – but only once.
5 (be) She ______ never ______ late for a meeting.
6 (write) ______ they ever ______ to you?

D4 *Present Perfect* – Vergangenheitsform

- ● **Have** you ever **been** to Paris?
- ■ Yes, I **have.**
- ● When **did** you **go** there?
- ■ I **went** there last year.
- ● How long **did** you **stay?**
- ■ I **stayed** there for a week.

Wenn die Frage *Have you ever …?* positiv beantwortet wird, dann liegt das Ereignis, nach dem gefragt wurde, in der Vergangenheit. Dementsprechend muss das Gespräch auch in der Vergangenheitsform fortgesetzt werden.

D5

Schreiben Sie einen Dialog wie in **D4**.

A you ever / eat / lobster?
____
B yes
____
A where / eat it
____
B in Boston
____
A when / go to Boston
____
B two years ago
____

D6 Das Futur mit *will*

Will you **be** here tomorrow?	Yes, I **will.** **I'll (will) be** here tomorrow.	No, I **won't.** I **won't be** here tomorrow.

- *Will* und die negative Form *won't* sind für alle Personen gleich.
- Die negative Form *won't* ist aus *will* + *not* zusammengesetzt.
- Fragen werden gebildet, indem man Verb und Personalpronomen umstellt.
- In positiven Sätzen wird *will* fast immer zu *'ll* verkürzt. Die vollständige Form *will* wird nur benutzt, wenn etwas besonders betont werden soll: *You will finish the invoices, won't you?*
- In positiven Kurzantworten steht immer die Vollform *will* (keine Abkürzung auf *'ll*): *Yes, I will.*
- Das Futur mit *will* wird gebraucht, um vorherzusagen, was in der Zukunft geschehen wird, und nicht so sehr, um über Pläne, Vorhaben und Verabredungen zu sprechen.

D7

Lesen Sie den Dialog B auf Seite 108 noch einmal und vervollständigen Sie diese Sätze mit *will* oder *won't*.

1 Tanya _______ have much free time before she goes back home.
2 Tanya _______ be at the Travel Association's dinner on Thursday evening.
3 Tanya _______ still be in London on Friday morning.
4 Tanya _______ be on the plane at 9 o'clock on Friday evening.
5 Tanya _______ be in London for the concert.

D8 Adverbien

	Adjektiv ➤ Adverb
Regelmäßig	She's a **quick** learner. ➤ She learns **quickly.** He's a **bad** driver. ➤ He drives **badly.** They are **slow** walkers. ➤ They walk **slowly.**

Regelmäßige Adverbien werden gebildet, indem man *-ly* an das Adjektiv anhängt.

Die gebräuchlichsten unregelmäßigen Adverbien sind:

	Adjektiv ➤ Adverb
Unregelmäßig	He's a **good** dancer. ➤ He dances **well.** She's a **fast** walker. ➤ She walks **fast.** They're **hard** workers. ➤ They work **hard.**

D9

Vervollständigen Sie die Sätze, so dass sie das gleiche bedeuten wie die Ausgangssätze.

1 Paul is a bad singer.
He sings ____________________ .
2 This is a very fast photocopier.
It copies ____________________ .
3 Tanya is a good typist.
She can type ____________________ .
4 Derek is a careful driver.
He drives ____________________ .
5 Caroline is a quick worker.
She works ____________________ .

Vocabulary

E1

Ordnen Sie die die deutschen Wörter ihren englischen Entsprechungen zu.

1 *Lineal* **2** *Gummibänder* **3** *Reißzwecken* **4** *Hefter* **5** *Bleistiftspitzer* **6** *Büroklammer* **7** *Stift* **8** *Radiergummi* **9** *Schere* **10** *Tesafilm* **11** *Locher* **12** *Bleistift*

☐ drawing pins	☐ pencil sharpener
☐ elastic bands	☐ rubber
☐ hole punch	☐ ruler
☐ paper clip	☐ scissors
☐ pen	☐ sellotape
☐ pencil	☐ stapler

E2 (🔊 3/29)

Sehen Sie sich diese Tagesordnung für eine Vorstandssitzung an. Hören Sie den Personen zu, die über die Tagesordnung diskutieren, und tragen Sie die fehlenden Präpositionen ein. (Unbekannte Wörter können Sie im Register hinten nachschauen.)

AGENDA

Board of Directors' Meeting

To be held _____ Wednesday Sept. 10th _____ 14.30

_____ The Concorde Room

1 Apologies _____ absence
2 Minutes _____ the last meeting
3 Annual report _____ the President
4 Discussion _____ future marketing plans
5 Approval _____ the marketing budget _____ next year
6 Action plan _____ the marketing department
7 Presentation _____ Doris Williams _____ her retirement
8 AOB

E3

Was bedeuten diese Abkürzungen?

AOB • e.g. • encl. • etc. • i.e. • pp • PTO • RSVP

_____ u.A.w.g. (um Antwort wird gebeten)
_____ bitte umblättern
_____ Anlage
_____ d.h.
_____ z.B.
_____ usw.
_____ Verschiedenes
_____ i.A.

Speaking

E4 (🔊 3/30)

Bearbeiten Sie die mündlichen Übungen auf Ihrer CD.

Writing

E5 (🔊 3/31)

Sie werden jetzt ein Diktat schreiben. Lesen Sie zunächst die Dialoge A und B, um sich an die wichtigen Wörter zu erinnern. Hören Sie sich das Diktat so oft wie nötig an. Überprüfen Sie Ihren Text anhand des Schlüssels.
So fängt das Diktat an:

Tanya is doing well …

F1 Useful expressions

In dieser Lektion haben Sie folgende Redewendungen geübt:

Jemanden daran erinnern, etwas zu tun
Don't forget to fax Office Supplies.
You will finish the invoices, won't you?

Informationen aus zweiter Hand
Sam thinks you're doing very well.

Über Erfahrungen sprechen
Have you ever been to London?
I've never been to the UK.

Betonung geben
In fact, I've never been to Europe at all.

Zukunftsbezogene Meinungen/Tatsachen formulieren
I'm sure you'll enjoy London.
You'll have a bit of time to go sightseeing.

Sprachliche Wiederholungen vermeiden
A: I was really hungry.
B: So was I.

Mögliche zukünftige Ereignisse/Handlungen ausdrücken
Perhaps we'll go back again.
Maybe I'll come back here.
Next year, perhaps.

Informationen hinzufügen
And then there's the Travel Association's annual dinner on Thursday.

Über Fahrpläne sprechen
Our return flight leaves at four on Friday afternoon.

Bedauern ausdrücken
Oh, that's a pity.
I'm sorry I won't be here for it.

F2 Extra vocabulary (3/32)

Hören Sie die zusätzlichen Vokabeln auf Ihrer CD, damit Sie wissen, wie die Wörter ausgesprochen werden.

We need some more business cards.	*Wir benötigen (etwas) mehr Visitenkarten.*
headed paper.	*Papier mit Briefkopf.*
company stationery.	*Büromaterial mit Firmenlogo.*
recycled envelopes.	*recycelte Briefumschläge.*
window envelopes.	*Briefumschläge mit Fenster.*
self-seal envelopes.	*selbstklebende Briefumschläge.*
Did you go to the meeting?	*Sind Sie zur Sitzung gegangen?*
committee meeting?	*zur Ausschusssitzung*
brainstorming meeting?	*zur Brainstorming-Sitzung*
presentation?	*zur Präsentation*
breakfast seminar?	*zum Frühstücksseminar*
workshop?	*zum Workshop*
plenary session?	*zur Plenarsitzung*
He hasn't got much free time.	*Er hat nicht viel Freizeit.*
spare time.	*Freizeit.*
leisure time.	*Freizeit.*
I'll hire a car.	*Ich werde ein Auto mieten.*
rent a photocopier.	*einen Fotokopierer mieten.*
borrow a manual.	*ein Handbuch ausleihen.*
lend you my manual.	*Ihnen mein Handbuch leihen.*
I was really hungry.	*Ich war wirklich hungrig.*
tired.	*müde.*
cold/hot.	*Mir war wirklich kalt/heiß.*
worried.	*Ich war wirklich besorgt.*
angry.	*wütend.*
I'm very excited about what he said.	*Ich bin sehr aufgeregt über das, was er gesagt hat.*
nervous about	*nervös wegen dem*
worried about	*besorgt über das*
concerned about	*beunruhigt über das*
angry about	*wütend über das*

F3 Conversation (3/33)

Hören Sie die Anleitungen auf der CD und nehmen Sie am Gespräch teil.

Lektion 10

Success unlimited

A1 (3/34)

Etwa fünfhundert Personen sind beim jährlichen Empfang des Verbands der Reiseunternehmen im Plaza Hotel anwesend. Unter ihnen sind auch viele Mitarbeiter von *Travel Unlimited.*

PAUL:	Well, that was a nice meal, wasn't it? It must be time for the awards now. I wonder who the winners are?
CAROLINE:	Mm, so do I. I don't know who won last year.
PAUL:	Neither do I.
LADY:	Ladies and gentlemen, and now for the highlight of the evening … I'd like to introduce our president, Sir Basil Wentworth-Davis, who is going to present this year's awards.
SIR BASIL:	Good evening, ladies and gentlemen. And now, it gives me great pleasure to announce the winners of this year's awards. The first is our "New Venture" award. This goes to a company that is based here in London. Last year this company opened two new overseas branches in important markets. But not only this, they also introduced an exciting new range of "green" holidays. These are already extremely successful and popular, of course, with people of all ages who care about the environment. I'd like to invite the managing director of Travel Unlimited to accept this award … Congratulations Mr Vallance.
JIM:	Thank you very much, Sir Basil.
SIR BASIL:	I was very interested to read about your …

It must be time for the awards now.
- Beachten Sie die Wortstellung in diesem Satz: der Infinitiv *be* steht direkt hinter *must,* nicht am Satzende wie im Deutschen.

Sir (Basil Wentworth-Davis)
- Dieser Titel wird vor dem Vornamen benutzt. Der Titel wird nicht vererbt, sondern für eine herausragende Leistung im diplomatischen Dienst, in der Industrie, den Künsten usw. verliehen. Beachten Sie, dass die Anredeform *Sir Basil* oder *Sir Basil Wentworth-Davis* lautet, nicht aber *Sir Wentworth-Davis.*
- Im normalen Sprachgebrauch ist *Sir* die respektvolle Anredeform für einen Mann, z.B. am Anfang eines Briefes *(Dear Sir)* oder bei der Bedienung von Kunden, z.B. in einem Geschäft oder einem Restaurant *(Can I help you, Sir?).* Die entsprechende weibliche Form ist *Madam.*

Ladies and gentlemen
- So beginnt man üblicherweise eine formelle Rede. Beachten Sie, dass wir im Englischen nicht sagen *My ladies …*

Glückwünsche
- Beachten Sie, dass *congratulations* immer im Plural steht.
- Beachten Sie die Präposition in der Redewendung *Congratulations on your success/promotion/engagement.*

Exercises

A2 (3/35)

Hören Sie die Sätze auf der CD und sprechen Sie nach.

- *It must be time for the awards now.*
- *It must be time for dinner now.*
- *It must be a lovely hotel.*
- *They must be the winners.*
- *He must be a very good managing director.*

A3 (3/36)

Hören Sie den Beispieldialog.

1 ● The winners?
■ *Yes, I wonder who the winners are.*
● Mm, I don't know.

Jetzt nehmen Sie an den Dialogen teil. Sie benötigen die folgenden Wörter:

1	who
2	what
3	what
4	where
5	when

B1 (3/37)

Es ist Freitag Nachmittag in der Hauptgeschäftsstelle von *Travel Unlimited.* Alle Mitarbeiter haben ihren Erfolg gefeiert, aber nun ist es für die Besucher aus Boston Zeit abzureisen.

SCOTT:	Well, congratulations, Paul. Your idea, you know … the green holidays, was certainly a winner. Well done!
PAUL:	Oh, thank you Scott, but it was a team project, of course. I hope you'll be able to introduce them in America, too.
SCOTT:	Yes, I hope so. We'll have to adapt the idea for our market … but I'll be in touch about it soon.
PAUL:	Okay. Oh, look at the time … when does your plane leave?
SCOTT:	At six. But the latest check-in time is half past four. Can we get a taxi from here?
PAUL:	If I were you, I'd go by underground. The traffic in London is horrific on Friday afternoons. Last time I had to go to the airport, I nearly missed my plane because of the traffic.
SCOTT:	Right, Tanya – are you ready?
TANYA:	On my way! Well, bye Derek … thanks for everything.
DEREK:	Bye, Tanya … might see you next year.
TANYA:	Hey, what do you mean … might?

Exercises

B2 (3/38)

Sehen Sie sich die Reiseinformationen in Spalte 1 an und hören Sie den Beispieldialog.

	1	2	3
plane	18.00	11.30	14.20
check-in	16.30	10.45	13.50
transport	taxi	bus	train

1
- What time is your plane?
- *It leaves at six o'clock.*
- And what time must you be there?
- *The latest check-in time is half past four.*
- I see.
- *Can we get a taxi from here?*
- If I were you, I'd go by underground.

Sehen Sie sich nun die Informationen in den Spalten 1–3 an und nehmen Sie an den Dialogen teil.

B3 (3/39)

Hören Sie den Beispieldialog. Alle diese Dinge passierten gestern.

1
- *I missed my plane yesterday.*
- Why?
- *Because of the traffic.*
- Oh dear.

Sehen Sie sich die Informationen im Kasten an und nehmen Sie an den Dialogen teil.

1	miss my plane/the traffic
2	stay at home/the bad weather
3	lose my job/last year's sales

London Airport
- London hat drei Hauptflughäfen, Heathrow, Stanstead und Gatwick. Wenn man *London Airport* sagt, bezieht man sich jedoch fast immer auf Heathrow.
- Es gibt eine direkte U-Bahn-Verbindung zu allen vier Terminals am Flughafen Heathrow.
- Den Flughafen Gatwick erreicht man mit dem Zug vom Victoria-Bahnhof in London. Es gibt auch eine Bus-Verbindung zwischen den Flughäfen Heathrow und Gatwick.
- London City ist ein kleinerer Flughafen, der nur etwa 10 km vom Stadtzentrum entfernt ist und ziemlich schnell mit dem Taxi erreicht werden kann.

Die U-Bahn
- Im britischen Englisch sagt man *the underground* oder *the tube*, im amerikanischen Englisch *the subway.*

Die *rush hour* freitags in London
- Da am Freitagnachmittag viele Büroangestellte die Arbeit früher beenden, herrscht ab 15.30 Uhr ein enormer Verkehr. Die *rush hour* beginnt (und endet) sonst später.

Might see you next year
- Beachten Sie das Auslassen von Wörtern am Anfang von Redewendungen wie *(I) might see you next year, (I'll) see you soon.*

If I were you, I'd ...
- Dies ist ein feststehender Ausdruck, um einen Rat zu geben.
- Beachten Sie, dass *I'd* die Kurzform von *I would* ist.

C1

Tanya und Scott sind am Flughafen Heathrow und warten auf ihren Flug nach Boston. Sie sehen sich eine Londoner Zeitung an, den *Evening Standard.* Darin steht ein Artikel über den jährlichen Empfang des Verbands der Reiseunternehmen.

Success for Travel Unlimited – London travel company gets top award

It was the Travel Association's annual dinner last night at the Plaza Hotel. There were over 500 people at the dinner, representing 210 travel companies from the biggest worldwide organizations to the smallest specialist travel company, *Haggis Holidays,* based in the Scottish Highlands.

Sir Basil Wentworth-Davis, the President of the Association, was the chairman of a television company before he started a new career in the travel business. He spoke about last year's results – it was a good year for most companies after a slow beginning. In the first quarter, three companies had to close because of financial difficulties. However, five new companies became members of the Association later in the year making a total membership of 320.

One of these companies, *Travel Unlimited,* received the New Venture award for its exciting 'green' holidays. The managing director of *Travel Unlimited,* Jim Vallance, accepted the award on behalf of the whole staff. He was extremely pleased that some of the overseas staff of the company could be at the dinner. In an interview with us after the awards ceremony, Mr Vallance announced the company's plans to introduce 'green' holidays in the States next year, marketed by their newly-opened branch in Boston.

SARAH WESTON,
LONDON CORRESPONDENT

Sind diese Aussagen wahr (T=true) oder falsch (F=false)?

1 There were nearly 500 people at the dinner.

2 The Travel Association has got 320 members.

3 Not all the members are large travel companies.

4 Sir Basil started work in the travel industry when he left school.

5 Business was good for all the member companies from the beginning of last year.

6 Travel Unlimited became a member of the association in January last year.

7 Mr Vallance spoke to a journalist after the presentation of the awards.

C2

Hier ist der Entwurf der Reporterin für den nächsten Absatz des Zeitungsartikels. Die Rechtschreibung/Zeichensetzung ist nicht richtig. Tragen Sie die fehlenden Satzzeichen ein.

6 capital letters (A B C …) • 2 apostrophes (') • 3 full stops (.) • 1 question mark (?) • 2 commas (,)

i asked mr vallance about the companys future plans

Question: What new holidays are you going to market next year

Answer: travel unlimiteds plans for the future include holidays for people with disabilities paul thornton our marketing manager is finding the best locations for these special holidays

Chairman
- Viele Leute sehen die Bezeichnung *chairman* als sexistisch an und ziehen die neutrale Bezeichnung *chairperson* (oder *chair*) vor. In ähnlicher Weise benutzt man das Wort *spokesperson* anstatt *spokesman*.

newly-opened (branch)
- Beachten Sie den Gebrauch des Bindestrichs in zusammengesetzten Adjektiven, wie z. B. *newly-opened (branch)*, *well-paid (job)*.

Zeichensetzung
- Die englischen Bezeichnungen für Satzzeichen lauten:
  - (Bindestrich) *hyphen*
  – (Gedankenstrich) *dash*
  ! (Ausrufezeichen) *exclamation mark*
  () (Klammern) *brackets*
  " (Anführungszeichen) *quotation marks*
- Beachten Sie, dass im britischen Englisch der Ausdruck *full stop* und im amerikanischen Englisch der Ausdruck *period* für Punkt (am Satzende) benutzt wird.

C3 (3/40)

Hören Sie die Flughafenansagen auf der CD. Bei Aufgabe **1** ergänzen Sie bitte die fehlenden Informationen. Bei Aufgabe **2** schreiben Sie die Ziffern 1 – 3 in die entsprechenden Kästen bei *Where?* und *Why?* Welcher der drei Fluggäste muss wohin und warum?

1 Departures

Flight number	Destination	Departure time	Boarding gate
LH ____	Frankfurt	17.50	______
______	Madrid	______	______
______	______	______	______

C4

Als Tanya in ihr Büro in Boston zurückkam, wartete diese E-Mail-Nachricht auf sie.

```
Dear Tanya
Welcome back! Hope you had
a good flight. Concert was
great. Miss you. Hope to
hear from you soon. Take
care. All the best, Derek
PS My home phone number is
   0181 - 379 45 22
```

2 Personal messages

Passenger	Where?	Why?
1 Mr Ricardo Sanchez	☐ Lufthansa check-in desk	☐ to meet someone
2 Sally Connolly	☐ meeting point	☐ to collect her passport
3 Mr and Mrs Harris	☐ passport control	☐ to collect a message
	☐ BA desk departure lounge	☐ to collect the tickets

D1 *Can* und *must*

		Gegenwart	Vergangenheit	Futur
must	+	You **must** go.	You **had to** go.	You**'ll have to** go.
	–	You **don't have to** go.	You **didn't have to** go.	You **won't have to** go.
	?	**Do** you **have to** go?	**Did** you **have to** go?	**Will** you **have to** go?
can	+	He **can** do it.	He **could** do it.	He**'ll be able to** do it.
	–	He **can't** do it.	He **couldn't** do it.	He **won't be able to** do it.
	?	**Can** he do it?	**Could** he do it?	**Will** he **be able to** do it?

Es gibt in der Gegenwart zwei verneinte Formen von *must:*

- *mustn't* = „dürfen nicht"
- *don't have to* = „müssen nicht".

D2

Schreiben Sie Sätze 1–4 um. Berücksichtigen Sie die jeweils am Satzende stehenden Wörter. (Beachten Sie: *too* = „auch" in einem positiven Satz, *either* = „auch nicht" in einem verneinten Satz.)

1 She can't work today.
   a) ________________ yesterday, either.
   b) ________________ tomorrow, either.

2 He had to go to work yesterday.
   a) ________________ tomorrow, too.
   b) ________________ today, too.

3 Do they have to be in London today?
   a) ________________ tomorrow?
   b) ________________ yesterday?

4 Could they meet him yesterday?
   a) ________________ tomorrow?
   b) ________________ today?

D3 Das Futur

1 I'm **going to** speak to my boss about it.
2 **I'll** be here tomorrow.
3 The plane **leaves** at six o'clock.
4 Derek **might** go to America next year.

1 Das Futur mit *going to* wird benutzt, um über Pläne und Absichten zu sprechen (siehe Lektion 8).
2 Das Futur mit *will* wird benutzt, um über zukünftigte Handlungen, Zustände und Bedingungen zu sprechen (siehe Lektion 9).
3 Die einfache Gegenwart wird benutzt, um über feststehende Fahr- und Zeitpläne in der Zukunft zu sprechen.
4 Mit *might* drücken wir aus, dass der Plan oder die Absicht für die Zukunft nur eine Möglichkeit darstellt.

D4

Ergänzen Sie den Text mit der richtigen Form der Verben in Kursivschrift.

Derek (1) *visit* ____________ his mother next Sunday. She (2) *be* ____________ very happy to see him again. His train (3) *leave* ____________ London at 8.30, so Derek (4) *must* ____________ get up earlier than he usually does on a Sunday! He (5) *buy* ____________ his mother some flowers, but he isn't sure yet. He doesn't know if the flower seller (6) *be* ____________ at the station so early on a Sunday. If the flower seller isn't there, he (7) *can* ________

__________ to buy her any flowers. In the evening, Derek (8) *meet* __________ Colin, one of his friends. He and Colin (9) *go* __________ to the cinema, or they (10) *watch* __________ the football match on TV. The match (11) *start* __________ at 6 o'clock, and Derek hopes that he (12) *be* __________ home before then.

D5 Zustimmen, indem man *so* und *neither* benutzt

Derek **has been** to America. **So have I.**
Caroline **hasn't met** Scott. **Neither have I.**
Tanya **was** at work yesterday. **So was I.**
Hilary **wasn't** at the dinner. **Neither was I.**
Derek **works** hard. **So do I.**
Paul **doesn't work** in reception. **Neither do I.**

- Benutzen Sie, um zuzustimmen, *so* in positiven Sätzen und *neither* in verneinten Sätzen.
- Beachten Sie, dass in der Erwiderung immer ein Verb (= Hilfsverb) vorkommt.

D7 *Think* und *hope*

Was Derek born in London?
I think so.
I don't think so.
Will there be hamburgers for lunch?
I hope so.
I hope not.

Beachten Sie, dass die verneinten Formen bei *think* und *hope* unterschiedlich sind.

D8

Vervollständigen Sie diese Reaktionen.

1 Is it the 20th today? I think ____ .
2 Will he be late? I ____ not.
3 Is it going to rain? I ____ ____ so.
4 Has the company made a profit? I hope ____ .

D6

Ordnen Sie diese Aussagen und Reaktionen einander zu.

1 I haven't been to America.
2 I'll be here tomorrow.
3 Caroline worked all last weekend.
4 Paul's got a new computer.
5 Paul can't speak Japanese.
6 They won't be late.
7 Caroline can speak German.
8 Hilary didn't go to London.

a So did I.
b Neither will I.
c Neither did I.
d So will I.
e So can I.
f Neither have I.
g Neither can I.
h So have I.

Vocabulary

E1

Ordnen Sie die Bilder und die Ausdrücke einander zu. Sie müssen die Wörter mit den eingekreisten Vokalen vervollständigen. Beachten Sie, dass es einen Ausdruck gibt, bei dem die Präposition *by* nicht verwendet wird.

- ☐ by b _ c y c l _
- ☐ by b _ s
- ☐ by c _ r
- ☐ on f _ _ t
- ☐ by m _ t _ r b _ _ k _
- ☐ by p l _ n _
- ☐ by s h _ p
- ☐ by t _ x _
- ☐ by t r _ _ n
- ☐ by _ n d _ r g r _ _ n

a a a a
e e e e
i i i i i
o o o o o
u u u

E2

Ordnen Sie die folgenden Adjektive ihrer Bedeutung entsprechend zu:

all right • *awful* • *boring* • *fantastic* • *great* • *horrific* • *marvellous* • *nice* • *okay* • *terrible* • *wonderful*

positive	**somewhere between**	**negative**
______	______	______
______	______	______
______	______	______
______		______

E3 (🔊 3/41)

Hören Sie den Text auf der CD und wählen Sie die richtigen Erwiderungen.

- ☐ Bless you.
- ☐ Cheers.
- ☐ Congratulations.
- ☐ I'm pleased to hear that.
- ☐ I'm sorry to hear that.
- ☐ Oh, that's a good idea.
- ☐ Thank you, the same to you.
- ☐ You're welcome.
- ☐ I'm sorry.
- ☐ Pardon?

Speaking

E4 (🔊 3/42)

Bearbeiten Sie die mündlichen Übungen auf Ihrer CD.

Writing

E5 (🔊 3/43)

Sie werden jetzt ein Diktat schreiben. Lesen Sie zunächst die Dialoge A und B, um sich an die wichtigen Wörter zu erinnern. Hören Sie sich das Diktat so oft wie nötig an. Überprüfen Sie Ihren Text anhand des Schlüssels.
So fängt das Diktat an an:

The evening at the Plaza Hotel …

F1 Useful expressions

In dieser Lektion haben Sie folgende Redewendungen geübt:

Spekulieren
It must be time for the awards now.
I wonder who the winners are.

Zustimmen
I wonder who the winners are. – So do I.
I hope you'll be able to … – Yes, I hope so.

Formelle Reden
Ladies and gentlemen.
Good evening, ladies and gentlemen.
I'd like to introduce our president, …
It gives me great pleasure to announce …

Formelle Einladungen
I'd like to invite … to …

Informelle Verabschiedung
Bye.
Thanks for everything.
Might see you next year.

Eine Leistung anerkennen
Congratulations!
Well done!

Einen Rat geben
If I were you, I'd go by underground.

Informationen hinzufügen
But not only this, they were also able to …

F2 Extra vocabulary (3/44)

Hören Sie die zusätzlichen Vokabeln auf Ihrer CD, damit Sie wissen, wie die Wörter ausgesprochen werden.

He presented the awards/prizes.	*Er verlieh die Auszeichnungen/Preise.*
certificates/diplomas.	*Er überreichte die Zeugnisse/Diplome.*
It's a worldwide organization.	*Es ist eine weltweite Organisation.*
a national/an international	*nationale/internationale*
a local/a specialist	*hiesige/Fach-*
a charitable	*Wohltätigkeitsorganisation.*
a political	*politische*
They closed because of … difficulties.	*Sie schlossen wegen … Schwierigkeiten.*
financial/economic	*finanzieller/wirtschaftlicher*
cash-flow/image	*Cash-Flow-/Image-*
investment	*investitionsbedingten*
legal/marketing	*rechtlichen/vertriebsbedingten*
It was a team project.	*Es war ein Teamprojekt.*
a joint	*gemeinsames Projekt.*
an individual	*Einzelprojekt.*
a group	*Gruppenprojekt.*
I might see you next year.	*Es könnte sein, dass wir uns im nächsten Jahr wiedersehen.*
I may see you next year.	*Es kann sein, dass wir uns im nächsten Jahr wiedersehen.*
Perhaps I'll see you next year.	*Vielleicht sehen wir uns im nächsten Jahr wieder.*
I'll probably see you next year.	*Wahrscheinlich sehen wir uns im nächsten Jahr wieder.*
Happy birthday.	*Alles Gute zum Geburtstag!*
anniversary.	*Hochzeitstag/(Firmen-)Jubiläum!*
Christmas.	*Frohe Weihnachten!*
New Year.	*Ein gutes neues Jahr!*
Easter.	*Frohe Ostern!*

F3 Conversation (3/45)

Hören Sie die Anleitungen auf der CD und nehmen Sie am Gespräch teil.

Anhang

Anhang

Lektion 1

A1

(C = Caroline, D = Derek, S = Sarah)

D: Guten Tag! Kann ich Ihnen helfen?
S: Hallo. Ich habe um halb drei einen Termin mit Mrs Harding.
D: Und wie ist Ihr Name, bitte?
S: Sarah Weston.
D: Ah, ja. Einen Moment, bitte. *(am Telefon)* Sarah Weston ist hier, für Caroline … In Ordnung. Möchten Sie sich einen Augenblick setzen? Mrs Harding ist schon auf dem Weg.

Wenige Minuten später

C: Sind Sie Sarah Weston?
S: Ja, ...
C: Ich bin Caroline Harding.
S: Oh, freut mich, Sie kennen zu lernen.
C: Guten Tag. Lassen Sie uns doch in mein Büro gehen. Zum Aufzug geht's hier entlang ...

A2

- ● What's the time?
- ■ It's six o'clock.
- ● What's the time?
- ■ It's quarter past seven.
- ● What's the time?
- ■ It's half past ten.
- ● What's the time?
- ■ It's quarter to four.

A3

- ● Good afternoon. Can I help you?
- ■ Hello. I've got an appointment with Mrs Harding, at half past two.
- ● And what's your name, please?
- ■ Sarah Weston.
- ● Oh yes. Just a moment.

- ● Good morning. Can I help you?
- ■ Hello. I've got an appointment with Paul Thornton, at ten o'clock.
- ● And what's your name, please?
- ■ Ann Smith.
- ● Oh yes. Just a moment.

- ● Good afternoon. Can I help you?
- ■ Hello. I've got an appointment with the manager, at quarter past three.
- ● And what's your name, please?
- ■ Peter Green.
- ● Oh yes. Just a moment.

- ● Good afternoon. Can I help you?
- ■ Hello. I've got an appointment with Susan Carter, at quarter to two.
- ● And what's your name, please?
- ■ Norman Stone.
- ● Oh yes. Just a moment.

- ● Good morning. Can I help you?
- ■ Hello. I've got an appointment with Mr Pirelli, at half past nine.
- ● And what's your name, please?
- ■ Mrs Harris.
- ● Oh yes. Just a moment.

B1

(C = Caroline, P = Paul, S = Sarah)

C: Möchten Sie eine Tasse Kaffee?
S: Ja, bitte. Schwarz, ohne Zucker.
C: In Ordnung – bitte sehr.
S: Wunderbar … Vielen Dank.
C: Gern geschehen.
S: Wie Sie wissen, schreiben wir gerade an einem Artikel über Reiseunternehmen, die ein bisschen aus dem herkömmlichen Rahmen fallen. Ich würde Ihnen deshalb gerne ein paar Fragen stellen über …

Später

S: … oh, und haben Sie Ihren neuen Katalog hier?
C: Ja, hier ist unser Gesamtkatalog und …

(Es klopft an der Tür)

P: Caroline … oh, entschuldige, du hast Besuch.

C Das macht nichts. Sarah, das ist Paul Thornton, unser Vertriebsleiter. Paul, das ist Sarah Weston, eine Journalistin von der Sunday News.

P: Oh, guten Tag.

S: Guten Tag.

C: Haben Sie ein paar Minuten Zeit, Paul?

P: Ja, sicher.

C: Sarah, möchten Sie Paul ein paar Fragen über seine Arbeit stellen?

S: Ja, … ähm … darf ich Sie fragen …

B2

- ■ Would you like a cup of coffee?
- ● Yes, please.
- ■ Would you like a cup of tea?
- ● Yes, please.
- ■ Would you like a glass of water?
- ● No, thank you.
- ■ Would you like a pizza?
- ● Yes, please.
- ■ Would you like a sandwich?
- ● No, thank you.
- ■ Would you like a beer?
- ● Yes, please.

B3

a mobile phone
■ I haven't got a mobile phone.
a television
■ I've got a television.
dog
■ I've got a dog.
a teddy bear
■ I haven't got a teddy bear.
a garden
■ I haven't got a garden.
a video
■ I've got a video
a goldfish
■ I haven't got a goldfish.
a computer
■ I've got a computer.

C1

2\. Is 3. Are 4. Is 5. Have 6. Are
7\. Are 8. Has

C2

Urlaub eimal anders!
von Sarah Weston
Sie wünschen sich einen besonderen Urlaub – wie eigens für Sie gemacht! Wo können Sie solch einen Urlaub buchen? Die Antwort – *Travel Unlimited.* Dieses Reiseunternehmen, mit Hauptsitz in London, ist wirklich ein etwas anderes Unternehmen. Ich sprach mit Caroline Harding, der Referentin für Öffentlichkeitsarbeit und Paul Thornton, dem Vertriebsleiter, über ihre ganz besonderen Urlaubsangebote.
Urlaube von *Travel Unlimited* sind anders, da sie auf spezielle Personengruppen zugeschnitten sind – Singles, ältere Menschen, Familien mit Kindern, behinderte Menschen und so weiter. Außerdem bietet *Travel Unlimited* auch einige sehr interessante Aktiv- und Kultururlaube in Großbritannien und im Ausland an. Ihre zweiwöchigen Safariurlaube für kleine Gruppen zu sechs Personen sind sehr beliebt. Urlaube sind ein-, zwei- oder, maximal, dreiwöchig – außer den Single-Urlauben über Weihnachten und Neujahr, die nur vier Tage dauern.
Die Resonanz ist sehr positiv – die Kunden sind zufrieden! Sie sind auch mit den Kosten für die jeweiligen Urlaube sehr zufrieden. Es gibt keine Einzelzimmerzuschläge und Gruppen ab acht Personen erhalten auf alle Urlaubsangebote einen Rabatt von 10%.
Neu im nächsten Jahr: „Grüner Urlaub“ –

für junge Leute, die helfen möchten, die Umwelt zu schützen. Weitere Informationen zu den Angeboten von *Travel Unlimited* erhalten Sie unter:
Tel. 0171–506 9332 oder
Fax 0171–505 7822

C3

1. Yes, we have.
2. No, there isn't.
3. No, they aren't.
4. Yes, there is.
5. Yes, we have.
6. No, they aren't.
7. Yes, there are.
8. Yes, it has.

C4

1. Mr Harding for Caroline Harding, 01202 769031
2. Sarah Weston for Paul Thornton, 0181 6609632
3. Peter Green for Derek Simmons, 01273 321910
4. Ann Stone for Caroline Harding, 0131 4578836

D2

2. am 3. is 4. are 5. are 6. are
7. is 8. are

D3

2. Am I in a single room?
3. Is Paul the marketing manager?
4. Are you a good receptionist?
5. Are Caroline and Sarah in the office?
6. Are we in a large group?
7. Is it three o'clock?
8. Are you senior citizens?

D4

2. I'm not in a single room.
3. Paul isn't the marketing manager.
4. You aren't a good receptionist.
5. Caroline and Sarah aren't in the office.
6. We aren't in a large group.
7. It isn't three o'clock.
8. You aren't senior citizens.

D6

2. Mr and Mrs Harding haven't got a BMW.
3. The car's got a radio.
4. You haven't got a mobile phone.
5. I haven't got a bicycle.
6. The children haven't got a computer.
7. We've got an old house.
8. Mrs Harding's got a son.

D7

3. Has the car got a radio?
4. Have you got a mobile phone?
5. Have I got a bicycle?
6. Have the children got a computer?
7. Have we got an old house?
8. Has Mrs Harding got a son?

E1

8 = eight	18 = eighteen
11 = eleven	15 = fifteen
5 = five	4 = four
14 = fourteen	9 = nine
19 = nineteen	1 = one
7 = seven	17 = seventeen
6 = six	16 = sixteen
10 = ten	13 = thirteen
3 = three	12 = twelve
20 = twenty	2 = two

E3

a. 1, 4, 6, 7, 9
b. 12, 13, 17, 18, 20
c. 6, 9, 12, 14, 15
d. 6, 8, 10, 12 18
e. 1, 5, 13, 17, 19
f. 2, 3, 11, 16, 17

E4

5, 7, 1, 16, 10, 19, 14, 12, 8, 2, 13, 11, 20

E5

Übung 1

I'm in the office. What about John?

- He's in the office, too.

What about Mary?

- She's in the office, too.

What about Peter and Fred?

- They're in the office, too.

Übung 2

She's a student. He

- He's a student.

isn't

- He isn't a student.

journalist

- He isn't a journalist.

in the office

- He isn't in the office.

They

- They aren't in the office.

Übung 3

Ask if Paul is in the office.

- Is Paul in the office?

Ask if John and Sue are here.

- Are John and Sue here?

Ask if I'm a student.

- Are you a student?

Übung 4

Ask if John's got a video.

- Has he got a video?

Ask if I've got a goldfish.

- Have you got a goldfish?

Ask if Sarah's got a BMW.

- Has she got a BMW?

E6

Sarah is a journalist. She's got an appointment with Caroline at her office in London. Sarah would like to ask a few questions about Travel Unlimited. The company has got new plans for holidays with a difference for next year.

Lektion 2

A1

(M = Monica, P = Paul)

M: …und damit genug von meinem Job, wie steht's mit dir?

P: Einen Augenblick … das Wichtigste zuerst … möchtest du noch etwas trinken? Noch ein Bier?

M: Ja, nur ein halbes, bitte.

(…)

P: Bitte sehr!

M: Danke, Paul. Prost!

P: Prost!

M: Bist du noch bei der Bank?

P: Nein.

M: Oh, wo arbeitest du denn jetzt?

P: Ich arbeite für ein Reiseunternehmen, *Travel Unlimited.*

M: Tatsächlich! Was machst du da?

P: Ich bin der Vertriebsleiter.

M: Oh, dann reist du (also) viel?

P: Ja. Ich fahre gern in fremde Länder, meine nächste Reise geht nach Japan.

M: Oh? *(überrascht)* Sprichst du denn Japanisch?

P: Nein. Aber unsere Kontaktperson dort ist zweisprachig, ihre Mutter ist Engländerin.

M: Ich habe eine Freundin mit einem japanischen Ehemann. Sie leben in der Nähe von Tokio.

A2

- Are you still at the bank?
- ● No, I'm not.
- Where do you work now?
- ● I work for a travel company.

- Are you still at the travel company?
- ● No, I'm not.
- Where do you work now?
- ● I work for Lufthansa.

- ■ Are you still at Lufthansa?
- ● No, I'm not.
- ■ Where do you work now?
- ● I work for Siemens.

- ■ Are you still at Siemens?
- ● No, I'm not.
- ■ Where do you work now?
- ● I work for a computer company.

- ■ Are you still at the computer company?
- ● No, I'm not.
- ■ Where do you work now?
- ● I work for a bank..

A3

- ● Are you still at the bank?
- ■ No, I'm not.
- ● Where do you work now?
- ■ I work for a travel company.

- ● Are you still at the travel company?
- ■ No, I'm not.
- ● Where do you work now?
- ■ I work for Lufthansa.

- ● Are you still at Lufthansa?
- ■ No, I'm not.
- ● Where do you work now?
- ■ I work for Siemens.

- ● Are you still at Siemens?
- ■ No, I'm not.
- ● Where do you work now?
- ■ I work for a computer company.

- ● Are you still at the computer company?
- ■ No, I'm not.
- ● Where do you work now?
- ■ I work for a bank.

B1

(C = Caroline, P = Paul)

C: Schönes Mittagessen gehabt, Paul?
P: Ja, … mit Monica, einer alten Freundin aus meiner Studienzeit.
C: Ah, ja.
P: Ja, sie hat einen sehr interessanten Job.
C: Was macht sie?
P: Sie arbeitet für eine Organisation namens *World Matters.*
C: Was für eine Art von Organisation ist das?
P: Nun, die Leute von *World Matters* arbeiten auf der ganzen Welt. Sie tun sehr viel für den Umweltschutz.
C: Dann arbeitet Monica also im Ausland?
P: Ja. Sie arbeitet an einem Projekt in Brasilien.
C: Arbeitet sie gern dort?
P: Ja. Und ich habe da eine Idee, Caroline. Du kennst doch unsere Pläne zum „grünem Urlaub" …
C: Ja …
P: Nun, wie wäre es, mit einer Organisation wie *World Matters* zusammenzuarbeiten?
C: Hm … also das ist wirklich eine gute Idee, Paul. Warum sprichst du nicht einfach mal mit … *(ausblenden)*

B2

- ● What does Janet do?
- ■ She works for a bank.
- ● Does she work in London?
- ■ No, she doesn't.

- ● What does John do?
- ■ He works for a travel company.
- ● Does he work in London?
- ■ Yes, he does.

- ● What does Christine do?
- ■ She works for a computer company.
- ● Does she work in London?
- ■ No, she doesn't.

- ● What does Peter do?
- ■ He works for a marketing company.
- ● Does he work in London?
- ■ No, he doesn't.

B3

- What does Peter do?
- He works for a hotel.
- Where does he work?
- He works in Paris.

- What does Alice do?
- She works for a video company.
- Where does she work?
- She works in Geneva.

- What does Catherine do?
- She works for a marketing company.
- Where does she work?
- She works in Hamburg

1. Steve: newspaper, Tokyo
2. Peter: hotel, Paris
3. Alice: video company, Geneva
4. Catherine: marketing company, Hamburg

C1

Sehr geehrte Damen und Herren,

ich interessiere mich für Umweltschutz und wüsste gern mehr über Ihre Projekte in Südamerika.
Ich bin dreiundzwanzig Jahre alt. Ich habe einen Universitätsabschluss in Geographie und spreche Spanisch. Zur Zeit arbeite ich für eine Computerfirma, aber ich würde mir gern ein Jahr freinehmen und im Ausland arbeiten. Ist es möglich, für ein Jahr an einem Projekt von *World Matters* zu arbeiten, oder sind Ihre Verträge alle längerfristig? Ich würde gern für ein Jahr nach Mexiko gehen, um dort als freiwilliger Helfer an einem Umweltschutz-Projekt mitzuarbeiten.
Könnten Sie mir bitte Ihre Broschüre und ein Anmeldeformular schicken? Ich freue mich im Voraus auf Ihre Antwort.

Mit freundlichen Grüßen,
Simon Clark

1. twenty-three years old 2. geography
3. He works for a computer company.
4. to Mexico 5. a year
6. a brochure and an application form

C2

1. Dear 2. I am interested in
3. Could you please send me
4. work for 5. Is it possible to
6. look forward to 7. Yours faithfully

C3

2. F 3. T 4. T 5. F 6. T 7. F
8. 0171 5069332

D2

2. speak 3. work 4. know 5. speaks
6. live 7. sends 8. travels

D3

2. Do I speak Japanese?
3. Do we work for a computer company?
4. Do you know a lot about the project?
5. Does the receptionist speak Spanish and English?
6. Do Mr and Mrs Harding live in a flat?
7. Does my company send people to the USA?
8. Does Caroline travel a lot in her job?

D4

2. I don't speak Japanese.
3. We don't work for a computer company.
4. You don't know a lot about the project.
5. The receptionist doesn't speak Spanish and English.
6. Mr and Mrs Harding don't live in a flat.
7. My company doesn't send people to the USA.
8. Caroline doesn't travel a lot in her job.

D6

3. No, it isn't 4. Yes, they have.
5. No, she doesn't. 6. Yes, she has.
7. No, they don't. 8. Yes, I do.

D7

1. Yes, I do. / No, I don't.
2. Yes, it is. / No, it isn't.
3. Yes, I have. / No, I haven't.
4. Yes, I have. / No, I haven't.
5. Yes, I do. / No, I don't.
6. Yes, I do. / No, I don't.

E1

7 = July; 1 = January; 11 = November;
3 = March; 9 = September; 8 = August;
6 = June; 2 = February; 12 = December;
5 = May; 4 = April; 10 = October

E3

1. July, January 2. February, November
3. May, September 4. April, August

E5

1. April 15th 2. March 30th 3. July 1st
4. April 6th 5. May 20th 6. June 15th

E6

ÜBUNG 1

I travel a lot. What about John?
■ He travels a lot, too.
John works in London. What about Susan?
■ She works in London, too.
Susan speaks Spanish. What about John and Peter?
■ They speak Spanish, too.

ÜBUNG 2

You work in London. What about Peter?
■ Oh no, he doesn't work in London.
She works in London. What about John and Karin?
■ Oh no, they don't work in London.
We work in London. What about Michael?
■ Oh no, he doesn't work in London.
They work in London. What about Doris and George?
■ Oh no, they don't work in London.

ÜBUNG 3

Ask if Paul travels a lot.
■ Does Paul travel a lot?
Ask if Monica works abroad.
■ Does Monica work abroad?
Ask if the company sends people abroad.
■ Does the company send people abroad?
Ask if Paul and Monica drink beer.
■ Do Paul and Monica drink beer?
Ask if I drink beer.
■ Do you drink beer?

ÜBUNG 4

Do you live in London?
■ Yes, I do.
Does Paul live in London?
■ Yes, he does.
Do Monica and Paul travel a lot?
■ Yes, they do.
Has Monica got a flat?
■ Yes, she has.
Have you got a television?
■ Yes, I have.

Do you live in New York?
■ No, I don't.
Does Paul live in Manchester?
■ No, he doesn't.
Do Monica and Paul live in Germany?
■ No, they don't.
Has Monica got a house?
■ No, she hasn't.
Have you got a Rolls Royce?
■ No, I haven't.

E7

Paul works for a travel company in London. Monica doesn't work in London. She works abroad. She's got a very interesting job on a project in Brazil. She likes working in Brazil. Paul enjoys going to new places. His next trip is to Japan.

Lektion 3

A1

(D = Derek, M = Mike, Se = Sekretärin)

(Das Telefon läutet und wird abgenommen.)
D: 5069332, Travel Unlimited. Kann ich Ihnen helfen?
M: Guten Morgen. Es geht um die Stelle des Nachwuchs-Vertriebsleiters, die heute in der Zeitung stand.
D: In Ordnung. Ich verbinde Sie mit unserer Personalabteilung. Bleiben Sie bitte am Apparat.
(Musik)
D: Tut mir Leid, die Leitung ist im Moment besetzt. Möchten Sie warten?
M: Ähm, ja … in Ordnung.
(Musik)
D: Hallo … Ich kann Sie jetzt durchstellen.
Se: Hallo. Tut mit Leid, dass ich Sie habe warten lassen. Ich nehme an, Sie sind an der Stelle interessiert?
M: Ja. Können Sie mir sagen, … in Ordnung. Können Sie mir bitte ein Bewerbungsformular schicken?
Se: Natürlich. Sagen Sie mir bitte Ihren Namen und Ihre Adresse?
M: Mein Name ist Mike Davis und meine Adresse ist 31 Bradleigh, das schreibt man B R A D L E I G H, Bradleigh Avenue, Wimbledon SW19 5JG.
Se: SW19 5JG. In Ordnung, ich gebe es noch heute Nachmittag in die Post.
M: Danke. Auf Wiederhören.
Se: Auf Wiederhören.

A3

● What's Travel Unlimited's phone number?
■ It's 5069332.
● 5069332 – thanks.

● What's Travel Unlimited's fax number?
■ It's 5067822.
● 5067822 – thanks.

● What's Sarah Weston's phone number?
■ It's 6609632
● 6609632 – thanks.

● What's Paul Thornton's phone number?
■ It's 388450
● 388450 – thanks.

● What's Max Hueber Verlag's phone number?
■ It's 96020
● 96020 – thanks.

● What's Max Hueber Verlag's fax number?
■ It's 9602358
● 9602358 – thanks.

B1

(M = Mike, Se = Sekretärin)

M: 7214449. Hallo.
Se: Guten Tag. Hier ist *Travel Unlimited.* Kann ich bitte mit Mike Davis sprechen?
M: Am Apparat.
Se: Oh, guten Tag. Es geht um Ihre Bewerbung. Wir haben Ihre Unterlagen erhalten. Können Sie nächste Woche zu einem Vorstellungsgespräch kommen - am Mittwoch oder Donnerstag?
M: Am Mittwoch schaffe ich es leider nicht. Aber am Donnerstag passt es mir gut – am Nachmittag?
Se: Ja – wie wäre es gegen 15.00 Uhr?
M: Ja, das ist prima.
Se: Wir sind im Concorde Gebäude, 169 Tottenham Court Road. Es gibt zwei Eingänge, aber mit dem Haupteingang gibt es im Moment ein Problem … Bauarbeiten. Biegen Sie an der Ecke

rechts ab und kommen Sie durch den Seiteneingang in der Shipley Street. Wir sind im fünften Stock.

M: Gibt es in der Nähe Ihrer Büros Parkplätze?

Se: Nein, nicht in der Shipley Street, aber im Parkhaus sind immer ein paar Plätze frei.

M: In Ordnung. Danke.

Se: Gut. Wir sehen uns dann am Donnerstag um drei. Auf Wiederhören.

M: Auf Wiederhören.

B2

- 7214449. Hello.
- Hello. This is Travel Unlimited. Can I speak to Mike Davis, please?
- Speaking.

- 5069332 Travel Unlimited. Hello.
- Hello. This is Mike Davis. Can I speak to your personnel manager, please?
- Yes, I'll put you through.

- 5069332 Travel Unlimited. Hello.
- Hello. This is Sarah Weston. Can I speak to Paul Thornton, please?
- Sorry, his line's busy.

- 5069332 Travel Unlimited. Hello.
- Hello. This is Paul Thornton. Can I speak to Caroline Harding, please?
- Speaking.

- 5069332 Travel Unlimited. Hello.
- Hello. This is Caroline Harding. Can I speak to Mike Davis, please?
- Yes, I'll put you through.

B3

- Can we meet on Monday, but not in the morning?
- Yes, what about Monday afternoon at three?
- That's fine. See you then.

- Can we meet on Tuesday, it doesn't matter what time?
- Yes, what about Tuesday evening at seven?
- That's fine. See you then.

- Can we meet on Wednesday, in the morning?
- Yes, what about Wednesday morning at ten?
- That's fine. See you then.

- Can we meet on Thursday, but not in the morning?
- Yes, what about Thursday evening at eight?
- That's fine. See you then.

- Can we meet on Friday, in the morning or the afternoon?
- Yes, what about Friday afternoon at four?
- That's fine. See you then.

- Can we meet on Wednesday, but not before four in the afternoon?
- Yes, what about Wednesday evening at 6.
- That's fine. See you then.

C1

Lieber Tony,

nur eine kurze Mitteilung – ich muss gleich los, weil ich heute Nachmittag ein Vorstellungsgespräch habe. Ich hoffe dieser, mit der *first-class post* (bevorzugt beförderte Post) verschickte Brief, erreicht dich noch, bevor du am Samstag wegfährst! Da ich keine Karten zeichnen kann, hier also eine Beschreibung wie du zu meinem Haus findest:

- gehe aus dem Bahnhof heraus
- biege links ab
- gehe ein paar Minuten lang geradeaus

- biege an der zweiten Ampel rechts ab
- gehe an den nächsten beiden Straßen, die links abbiegen, vorbei
- biege dann an der Straßenkreuzung rechts ab und du bist in der Bradleigh Avenue
- mein Haus ist das Dritte auf der rechten Seite, Nummer 31

Ich hoffe, du verläufst dich nicht. Falls irgendwelche Probleme auftauchen – ruf' mich einfach an (0181–721 44 49). Weitere Neuigkeiten am Samstag. Ich freue mich darauf, dich zu sehen.

Viele Grüße
Mike

1. Pfeil nach links
2. Pfeil nach oben
3. Pfeil nach rechts
4. Ampel
5. „T" auf der Seite
6. Kreuz; Mikes Haus: in der obersten Straße rechts, drittes Haus rechts

C2

Go out of the house and turn left. Turn left at the crossroads, then go straight on. At the traffic lights turn left. After the next set of traffic lights there is a junction on your left. The station is on the right.

C3

Wed: 3.45, 3rd floor
Thu: 372205, 22.8 – 9.9
Fri: lunch with Anna and Diana, 12.30
Sat: party at Diana's, 13a bus to ABC cinema, from cinema turn left, walk past two junctions, turn right at crossroads, no. 67 on the left

D2

1. He can speak English.
2. He can't drive.
3. Can he speak French?
4. Can he ski?
5. He can use a computer.
6. He can't yodel.

D4

2. Has he got
3. Would he like
4. Can he
5. Is he
6. Would he like
7. Can he
8. Does he
9. Has he got
10. Is he

D5

1. No, he doesn't.
2. No, he hasn't.
3. No, he wouldn't.
4. No, he can't.
5. No, he isn't.

D7

1. Is there a
2. Are there any
3. Are there any
4. Is there a
5. Are there any

D8

1. There is a lift.
2. There isn't a canteen.
3. There aren't any shops.
4. There are some offices.
5. There are some public telephones.
6. There aren't any public fax machines.
7. There is a coffee bar.
8. There isn't a cinema.
9. There aren't any restaurants.
10. There are some conference rooms.

E4

1. l, n 2. r, i 3. e, r 4. g, a 5. j, d
6. u, w 7. f, t 8. i, k 9. q, p 10. c, z

E5

1. a, r, i, u, e 2. n, p, h, v, q 3. b, g, d, j, z
4. i, j, h, y, r 5. e, a r, w, i 6. f, k, m, o, x
7. c, z, p, g, e 8. r, i, u, q, l 9. s, v, t, a, y
10. a, e, y, j, r

E6

Shelagh Dirren, 38 Glebe Road London NW10 3AP, 10/04/62, 0181 4723369
Sean Delaney, 56 Beaconsfield Road Brighton BN1 5ST, 27/02/50, 01273 603522

E7

ÜBUNG 1

Can you meet him on Monday or Tuesday?

- I can meet him on Monday, but I can't on Tuesday.

Can she see me on Tuesday or Wednesday?

- She can see you on Tuesday, but she can't on Wednesday.

Can you help me on Friday or Saturday?

- I can help you on Friday, but I can't on Saturday.

Can they work on Saturday and Sunday?

- They can work on Saturday, but they can't on Sunday.

ÜBUNG 2

I've got a car.

- Has John got a car, too?

I can drive.

- Can John drive, too?

I'd like to live in London.

- Would John like to live in London, too?

I work in a bank.

- Does John work in a bank, too?

I'm English.

- Is John English, too?

ÜBUNG 3

coffee bar

- Is there a coffee bar in this building?

shops

- Are there any shops in this building?

restaurants

- Are there any restaurants in this building?

cinema

- Is there a cinema in this building?

ÜBUNG 4

What's in this building? A shop? A cinema?

- There's a shop but there isn't a cinema.

What's in this building? Some offices? Some conference rooms?

- There are some offices, but there aren't any conference rooms.

What's in this building? Some shops? Some restaurants?

- There are some shops, but there aren't any restaurants.

What's in this office? Some computers? Some fax machines?

- There are some computers, but there aren't any fax machines.

E8

Mike is interested in a job at *Travel Unlimited*. He'd like to be a trainee marketing manager there. The personnel department has got his application form now. They would like to interview him next week. He can't go on Wednesday but he can go on Thursday afternoon. The interview is at the head office in the Concorde Building in London.

Lektion 4

A1

(M = Mike, Se = Sekretärin)

Se: Oh, guten Tag, Mike. Schön, Sie wiederzusehen. Mein Name ist Kate.

M: Hallo. Ich bin wirklich froh, dass ich die Stelle bekommen habe.

Se: Ja. Meinen Glückwunsch!

M: Danke, Kate. Wissen Sie, das ist meine erste Stelle außerhalb Kanadas.

Se: Stimmt ja, Sie sind aus Toronto, nicht wahr? Ist Ihre Familie jetzt auch hier?

M: Nein, meine Eltern sind in Toronto, aber ich spreche oft mit ihnen. Ich rufe Sie ein bis zwei Mal in der Woche an. Mein Vater kommt ungefähr fünf Mal im Jahr geschäftlich nach Großbritannien.

Se: Das ist schön. Wie ist Toronto denn so?

M: Oh, es ist eine großartige Stadt – es liegt am Meer und nicht weit von den fantastischen Niagarafällen und von New York

aus ist es auch nur ein kurzer Flug.
Se: Oh, wirklich? Das hört sich wundervoll an! Übrigens, Paul hat im Moment eine Besprechung mit einem Besucher aus Australien. Möchten Sie vielleicht eine Tasse Kaffee oder Tee?
M: Ja. Kaffee, bitte – mit Milch und Zucker.
Se: Wie viel Stück Zucker?
M: Nur eins, bitte.

A2

a week.
once or twice a week.
I call them
I call them once or twice a week.
a year.
about five times
about five times a year.
comes over
my dad comes over
My dad comes over about five times a year.

A3

- How often does Kate call her accountant?
- She calls her accountant once a week.
- Once a week – oh, I see.

- How often does Kate call the Paris office?
- She calls the Paris office three times a week.
- Three times a week – oh, I see.

- How often does Kate call her mother?
- She calls her mother twice a week.
- Oh, twice a week – that's nice.

- How often does Kate call her boyfriend?
- She calls her boyfriend five times a week.
- Really? Five times a week – that's a lot.

B1

(P = Paul, R = Rob)

P: Wie Sie wissen, ist das hier die Hauptgeschäftsstelle – mit Vertrieb, Öffentlichkeitsarbeit, Personal- und Finanzabteilungen.
R: Wie viele Angestellte gibt es denn dann hier in London?
P: Insgesamt zweiundvierzig, einschließlich sechs Teilzeit-Mitarbeitern. Und wir haben jetzt siebenundzwanzig Niederlassungen in Großbritannien – das sind drei mehr als im letzten Jahr.
R: Oh, das ist beachtlich.
P: Und dann haben wir zwei europäische Niederlassungen – in Paris und Rom, und eine Niederlassung in Übersee – in Vancouver. Im nächsten Jahr planen wir, Niederlassungen in Tokyo und Boston zu eröffnen.
R: Oh, tatsächlich? Gibt es einen großen Markt für Sie in Nordamerika? Wie viele Geschäfte machen Sie den bereits dort?
P: Nun, im Moment nicht viele, aber wir setzen sehr große Erwartungen in die Zukunft.

B2

- How many employees are there?
- There are forty-two.
- How many secretaries are there?
- There are six.
- How many European branches are there?
- There are two.
- How many UK branches are there?
- There are twenty-seven.

B3

- I'd like a coffee, please – white with sugar.
- How much sugar?
- Just one, please.

- I'd like a coffee, please – with milk.
- How much milk?
- Just a little, please.

- I'd like a cup of tea, please – with sugar.
- How much sugar?
- Two, please.

- I'd like a whisky, please – with water.
- How much water?
- Just a little, please.

C1
1. Managing Director = Geschäftsführer/in
2. Financial Director = Finanzdirektor/in
3. Sales Director = Verkaufsdirektor/in
4. Human Resources Director = Personaldirektor/in
5. Marketing Manager = Marketingleiter/in
6. Public Relations Manager = Leiter/in des Referats für Öffentlichkeitsarbeit
7. Personnel Manager = Personalleiter/in
8. Training Manager = Ausbildungsleiter/in

C2
1. true (wahr) 2. true 3. false (falsch)
4. false 5. false

C3
1. Tomkin 2. Simmons 3. Vallance
4. Houghton 5. Philips 6. Doughty
7. Levison 8. Hadleigh

C4
1. Jim Vallance 2. the board of directors
3. No, she isn't. 4. No, he isn't. 5. Yes, he does.

D2
1. always 2. never 3. usually
4. sometimes

D3
1. never snows 2. often late
3. usually go 4. often have
5. sometimes work 6. has always got
7. never tired 8. always go

D4
2. She is never late for work.
3. She always goes to work by bus.
4. She is always busy at work.
5. She has always got a lot of work.
6. She sometimes sees the MD in the morning.
7. She usually finishes work at 6 pm.
8. She often works in the evenings.

D6
2. How much work have you got?
3. How many computers has she got?
4. How much free time have they got this week?
5. How many newspapers does she buy every day?
6. How many children have they got?
7. How much information have they got?
8. How much homework do they do every night?

E1
1. five times a day 2. four times a week
3. twice a month 4. three times a year
5. once a year 6. once every three years

E3
2. once a day 3. once a year
4. once a month 5. once a week
6. four times a year

E4
ÜBUNG 1
He goes to work by car.
never
- I never go to work by car.

He's got a lot of work.
always
- I've always got a lot of work.

They're in London.
often
- I'm often in London.

We have meetings in Paris.
sometimes
▪ I sometimes have meetings in Paris.

ÜBUNG 2
books
▪ How many books has John got?
money
▪ How much money has John got?
friends
▪ How many friends has John got?
problems
▪ How many problems has John got?
time
▪ How much time has John got?

ÜBUNG 3
How many books has John got?
▪ Oh, he hasn't got many books.
How much money has John got?
▪ Oh, he hasn't got much money.
How many problems has John got?
▪ Oh, he hasn't got many problems.
How much time has John got?
▪ Oh, he hasn't got much time.

ÜBUNG 4
Are there a lot of good restaurants here?
▪ No, not very many.
Have you got a lot of money?
▪ No, not very much.
Has John got a lot of free time?
▪ No, not very much.

E5
Rob Morris is the manager of a travel company in Sydney. He comes to England twice a year on business. He is in Paul's office now. He asks Paul how many employees there are in the head office in London. And he asks how much business there is in North America.

Lektion 5

A1
(BA = British Airways, K = Kate)

BA: Guten Morgen. *British Airways.* Firmenreservierungen. Kann ich Ihnen helfen?
K: Ja. Hier ist Kate von *Travel Unlimited.* Ich möchte für den nächsten Mittwoch einen Flug nach Boston buchen.
BA: Das ist Mittwoch, der 15.?
K: Richtig.
BA: Es gibt zwei Flüge pro Tag nach Boston. Einer ist um 10 Uhr morgens und der andere um 14.15 Uhr.
K: Ich denke, am Morgen ist besser als am Nachmittag.
BA: Das ist ein Nichtraucherflug. Ist das in Ordnung?
K: Ja, das ist ausgezeichnet. Um wie viel Uhr landet der Vormittagsflug?
BA: Um 12.40 Uhr Ortszeit.
K: Gut. Kann ich bitte einen Platz in der Business-Klasse buchen?
BA: Ja. Und auf welches Datum soll der Rückflug ausgestellt werden?
K: Eine Woche später. Mittwoch, der 22. Gibt es einen Flug am Abend?
BA: Ja, es gibt zwei … um 18.20 Uhr und um 20.15 Uhr.
K: Um wie viel Uhr ist jeweils die Ankunftszeit?
BA: Das Flugzeug um 18.20 Uhr kommt um 5.40 Uhr am nächsten Morgen an. Und das um 20.15 Uhr um 7.35 Uhr.
K: Oh, den späteren Flug, bitte.
BA: Und auf welchen Namen soll der Flug ausgestellt werden?
K: Michael Davis.
BA: Geht das auf das Firmenkonto?
K: Ja – und ist es möglich, dass er den Flugschein direkt am Flughafen abholt?

A2

Good morning. British Airways reservations. Can I help you?
Yes, I'd like some information about some flights, please.
What would you like to know?
Well, first of all, when are the flights to Boston?
There are two flights a day to Boston. One leaves at 10 am and the other leaves at 14.15.
Oh good. And now London, but only in the morning.
There are two morning flights to London. One leaves at 8 am and the other leaves at 10.30.
8 and 10.30 am to London. Good and Paris?
There are two flights a day to Paris. One leaves at 9.10 and the other leaves at 16.50.
9.10 and 16.50. It was 50 and not 15, wasn't it?
Yes, 16.50 – five oh.
And the last one, flights to Rome, please, afternoon or evening.
There's one at 14.25 and an evening flight at 21.30.
14.25 and 21.30 Okay that's all. Thank you very much for your help.
Goodbye.
Goodbye.

Boston: 10.00, 14.15
London: 8.00, 10 30
Paris: 9.00, 16.50
Rome: 14.25, 21.30

A3

● I'd like to book a flight to Boston, please.
■ There are two flights a day to Boston.
● What time are they?
■ One leaves at 10 am and the other leaves at 14.15.
● Oh, I see.

● I'd like to book a flight to London, please.
■ There are two flights a day to London.
● What time are they?
■ One leaves at 8 am and the other leaves at 10.30.
● Thank you.

● I'd like to book a flight to Paris, please.
■ There are two flights a day to Paris.
● What time are they?
■ One leaves at 9.10 and the other leaves at 16.50.
● Good.

● I'd like to book a flight to Rome, please.
■ There are two flights a day to Rome.
● What time are they?
■ One leaves at 14.25 and the other leaves at 21.30.
● Oh, I see. Thank you.

B1

(M = Mike, P = Paul)

P: Und hier ist Scott Wrights Privatnummer.
M: Oh, danke. … ein Besuch bei ihm stand gar nicht auf meinem Reiseplan. Er ist der neue Manager, nicht wahr?
P: Ja, an Ihrer Stelle würde ich ihn von Ihrem Hotel aus anrufen, sobald Sie angekommen sind. Er war schon einmal in Vancouver und kennt die nordamerikanische Szene sehr gut.
M: Oh, das ist gut … er kann mich dann noch schnell instruieren, oder? Bevor ich zur Messe gehe, meine ich. Letztes Jahr waren Sie dort auf der Messe, nicht wahr?
P: Ja.
M: Und wie war sie?
P: Sie war sehr gut. Eigentlich war sie sogar ausgezeichnet. Viel größer als die Londoner Messe. Es gab hunderte von Ausstellern und es war eine

großartige Gelegenheit, neue Kontakte zu knüpfen.
M: Gut, das ist genau das, was wir dort drüben brauchen.
P: Und noch etwas, bitte grüßen Sie Scott und seine Frau ganz herzlich von mir.
M: Ja, natürlich. Bis nächste Woche dann.
P: Ja, guten Flug!

B2

- Where is Scott now?
- He's in Boston.
- And before that?
- He was in Vancouver before.
- Oh, in Vancouver!

- Where is Anna now?
- She's in New York.
- And before that?
- She was in London before.
- Oh, in London – really?

- Where is John now?
- He's in Paris.
- And before that?
- He was in Berlin before.
- Oh, Berlin's a great city!

- Where is Christine now?
- She's in London.
- And before that?
- She was in Boston before.
- Oh, I love Boston!

- Where is Peter now?
- He's in Berlin.
- And before that?
- He was in New York before.
- Oh, the Big Apple!

- Where is Diana now?
- She's in Vancouver.
- And before that?
- She was in Paris before.
- Oh, with an American?

B3

- What was the fair like?
- It was excellent.
- Oh good.

- What was the film like?
- It wasn't very good.
- Oh, dear.

- What was your dinner like?
- It was very good.
- Oh good.

- What was the coffee like?
- It was really bad.
- Oh, dear.

- What was your interview like?
- It wasn't very good.
- Oh dear.

- What was your holiday like?
- It was great.
- Oh good.

- What was your hotel like?
- It wasn't very good.
- Oh dear.

C1

1. breakfast 2. a double room
3. a shower 4. a lounge
5. a single room 6. a bath

C2

1. Hotel Intercontinental 2. for seven nights
3. single room 4. with bathroom
5. non-smoking 6. with lounge
7. $245 8. without breakfast

C3

1. by telephone on 7th April
2. Mr Michael Davis
3. for seven nights
4. from Wednesday 15th April to Tuesday 21st April

5. One single room with a lounge
6. We understand that breakfast is not included.

C4

Messe Infos

ÖFFNUNGSZEITEN
- Mittwoch – Sonntag 8.00 Uhr – 22.00 Uhr

TRANSPORT
- Busse im Fünfminutentakt innerhalb des Messegeländes
- Gebührenfreies Telefon für Taxis zur Messe und zurück
- Kostenloser Service mit dem Pendelbus zur Innenstadt

EINRICHTUNGEN FÜR AUSSTELLER
- Sitzungsräume, Konferenzräume, Seminar- und Vortragsräume
- Übersetzer- und Dolmetscherservice für die wichtigsten Sprachen
- Kopiergeräte, Fax, Computer, E-mail und Telefon
- Ausstellerstände, Schaustände und Besprechungsräume
- Zusätzliche Ausstattung verfügbar – Sonderbeleuchtung, Video

VERPFLEGUNG
- 20 Verpflegungsangebote einschließlich Restaurants, Snack-Bars, Saftbars und einem Englischen Pub

ALLGEMEINES
- In den Ausstellungsräumen ist das Rauchen nicht gestattet
- In Halle B gibt es ein medizinisches Versorgungszentrum
- In Halle A gibt es internationale Bank- und Posteinrichtungen

Ausführliche Informationen über Kosten und zusätzliche Einrichtungen erhalten Sie von den Organisatoren per Fax unter der Nummer (617) 549 6000

1. T 2. F 3. T 4. F 5. F 6. T 7. T
8. F 9. T 10. T

D2

1. was 2. wasn't 3. was
4. were 5. was 6. was
7. weren't 8. wasn't 9. weren't
10. were 11. was

D3

2. They weren't here last week.
3. Where were the directors yesterday?
4. The weather wasn't very nice yesterday.
5. Yesterday's news from America was good.
6. His boss was in Boston last month, but his colleagues weren't.

D5

1. better 2. bigger
3. heavier 4. longer
5. taller 6. younger
7. hotter 8. shorter
9. older 10. shorter
11. colder 12. lighter

D6

1. Bonn is smaller than Berlin.
2. Spain is sunnier than Scotland.
3. Fridays are better than Mondays.
4. My boss is younger than me.
5. Germany is bigger than Austria.

D8

1. is he 2. weren't they
3. hasn't she 4. wouldn't you
5. don't they 6. can they
7. wasn't it 8. does she

E1

1. credit card 2. hand luggage
3. itinerary 4. passport
5. traveller's cheques 6. money
7. personal organizer 8. ticket

E2
2. Find the correct check-in desk.
3. Check in for your flight.
4. Go through the security check.
5. Go through passport control.
6. Buy duty free.
7. Go to the departure gate.
8. Board the plane.
9. Sit down and fasten your seat belt.

E3
person at information desk: 2, 6
airline ground staff: 1, 4
flight attendant: 3, 7
pilot: 5, 8

E4

aisle seat: 4	land: 5
meal: 3	non-smoking: 1
reservations desk: 6	smoking: 1
terminal: 2	turbulence: 8
check-in desks: 2	local time: 5
mobile phone: 7	over there: 6
seat belts: 8	switch off: 7
to drink: 3	window seat: 4

E5
ÜBUNG 1
John wasn't here on Monday
■ But he was here on Tuesday.
John and Mike were in London on Monday.
■ But they weren't in London on Tuesday.
Kate was late on Monday.
■ But she wasn't late on Tuesday.
The weather wasn't nice on Monday.
■ But it was nice on Tuesday.

ÜBUNG 2
John was here on Monday.
■ Was he here on Tuesday, too?
John and Mike were in London on Monday.
■ Were they in London on Tuesday, too?
Kate was late on Monday.
■ Was she late on Tuesday, too?
The weather was nice on Monday.
■ Was it nice on Tuesday, too?

ÜBUNG 3
This one is nice.
■ This one is nicer.
This one is big.
■ This one is bigger.
This one is good.
■ This one is better.
This one is bad.
■ This one is worse.

ÜBUNG 4
Was Paul in Boston or New York?
■ He was in Boston, wasn't he?
Is Diana Canadian or American?
■ She's Canadian, isn't she?
Does John live in London or in Brighton?
■ He lives in London doesn't he?
Can Paul speak German or French?
■ He can speak German, can't he?
Do the flights leave in the morning or the afternoon?
■ They leave in the morning, don't they?
Have Scott and his wife got a house or a flat?
■ They've got a house, haven't they?

E6
There's a travel fair in Boston next week. Mike has got a ticket for the morning flight to Boston next Wednesday. He's got an appointment to meet Scott Wright. Scott was in Vancouver last year and is now the new manager for Travel Unlimited in Boston. The Boston fair is very big. It's much bigger than the London fair. There are always hundreds of exhibitors there. Mike's return flight is a week later.

Lektion 6

A1

(DM = Duty Manager, M = Mike)

DM: Kann ich Ihnen helfen, (mein Herr)?
M: Ja, es gibt da leider ein Problem mit meinem Zimmer. Könnte ich bitte mit dem Manager sprechen?
DM: Ich habe heute Dienst, (mein Herr). Wo liegt das Problem?
M: Nun, meine Sekretärin hat ein Zimmer mit einem kleinen Besprechungsraum gebucht. Hier ist eine Kopie des Faxes. Ich bin in Zimmer 256 – und es ist sehr schön – aber es hat keinen Besprechungsraum.
DM: Oh, das tut mit Leid, (mein Herr). Das ist offensichtlich unser Fehler. Leider sind alle unsere Business-Suiten wegen der Messe belegt. Aber wir haben einige Konferenzzimmer zur Verfügung, für etwa 20 Personen …
M: Oh, nein, wenn es möglich ist, hätte ich lieber etwas kleineres und informelleres. Meine Besprechungen finden nur mit drei oder vier Personen statt.
DM: Nun, in dem Fall wäre vielleicht das Terassen-Zimmer das Passende für Sie. Es ist ein kleiner Gesellschaftsraum im „first floor" *(AE = Erdgeschoss)*.
M: In der ersten Etage?
DM: *(lacht)* Oh, in Großbritannien ist das der „ground floor" *(BE = Erdgeschoss)*, nicht wahr? Möchten Sie es sehen, Mr Davis?
M: Oh, ja. Danke.
DM: Kommen Sie hier entlang, es ist …

A2

- Can I help you?
- Yes, I'm afraid there's a problem with my room.
- What's the problem?
- Well, there isn't a lounge.
- Oh, no lounge? … I'm sorry about that.

- Can I help you?
- Yes, I'm afraid there's a problem with my room.
- What's the problem?
- Well, there isn't a television.
- Oh, no television? … I'm sorry about that.

- Can I help you?
- Yes, I'm afraid there's a problem with my room.
- What's the problem?
- Well, there isn't a minibar.
- Oh, no minibar? … I'm sorry about that.

- Can I help you?
- Yes, I'm afraid there's a problem with my room.
- What's the problem?
- Well, there isn't a shower.
- Oh, no shower? … I'm sorry about that.

A3

- Is there a coffee bar here?
- Yes, there is.
- Where is it?
- It's on the ground floor.
- The ground floor – thank you.

- Is there a disco here?
- Yes, there is.
- Where is it?
- It's on the sixth floor.
- The sixth floor – thank you.

- Are there any business suites here?
- Yes, there are.
- Where are they?
- They're on the fourth floor.
- The fourth floor – thank you.

- Is there a travel office here?
- Yes, there is.

- Where is it?
- It's on the first floor.
- The first floor – thank you.

- Are there any restaurants here?
- Yes, there are.
- Where are they?
- They're on the fifth floor.
- The fifth floor – thank you.

- Is there a conference centre here?
- Yes, there is.
- Where is it?
- It's on the second floor.
- The second floor – thank you.

- Is there a fitness centre here?
- Yes, there is.
- Where is it?
- It's on the third floor.
- The third floor – thank you.

B1

(H = Hilary, M = Mike, S = Scott)

M: Guten Tag, ich bin Mike Davis.
S: Guten Tag, ich freue mich, Sie kennen zu lernen, Mike. Das ist meine Frau Hilary.
H: Hallo, freut mich.
M: Oh, bevor ich es vergesse, Paul Thornton lässt Sie beide sehr herzlich grüßen.
S: Oh, danke. Wie geht es ihm?
(...)
H: ... und wann sind Sie hier angekommen, Mike?
M: Ich bin vor ein paar Stunden am Flughafen eingetroffen.
S: Hatten Sie einen guten Flug?
M: Ja, prima. Boston scheint eine interessante Gegend zu sein – gefällt es Ihnen hier?
S: Ja, es ist eine großartige Stadt – der ideale Ort für unsere neue Niederlassung.
H: Woher kommen Sie, Mike?
M: Nun, ich bin in England geboren und wir zogen nach Toronto als ich fünf war. Mein Vater arbeitete dort für eine britische Firma. Ich habe dort gelebt, bis ich achtzehn war.
H: Haben Sie gern dort gelebt?
M: Ja, es war großartig.
H: Und sind Sie mit achtzehn wieder zurück nach Großbritannien gezogen?
M: Nein. Ich habe an der Universität in Montreal studiert und bin dann ein paar Jahre lang um die Welt gereist, bevor ich anfing zu arbeiten. Und dann ...
S: Entschuldigen Sie dass ich Sie unterbreche, aber ich habe für zwanzig nach ein Taxi bestellt. Ich glaube, wir sollten gehen und im Foyer warten.
H: Ja, wir haben einen Tisch in unserem Lieblings-Fischrestaurant reserviert. Wir wollten Sie mit unserer hiesigen Spezialität bekannt machen – Hummer. Ich hoffe ...

B2

- Hi, I'm Scott Wright.
- Hello, pleased to meet you, Scott. This is my secretary, Kate.
- Hi, nice to meet you, Kate.
- Oh, before I forget, Peter sends his best wishes.
- Oh thanks.

- Hi, I'm Scott Wright.
- Hello, pleased to meet you, Scott. This is my assistant, Tom.
- Hi, nice to meet you, Tom.
- Oh, before I forget, Mrs Thorpe sends her best wishes.
- Oh thanks.

- Hi, I'm Scott Wright.
- Hello, pleased to meet you, Scott. This is my sister, Maria.

- Hi, nice to meet you, Maria.
- Oh, before I forget, Susan sends her best wishes.
- Oh thanks.

- Hi, I'm Scott Wright.
- Hello, pleased to meet you, Scott. This is my brother, Mark.
- Hi, nice to meet you, Mark.
- Oh, before I forget, Mr Richards sends his best wishes.
- Oh thanks.

- Hi, I'm Scott Wright.
- Hello, pleased to meet you, Scott. This is my PA, Lucy.
- Hi, nice to meet you, Lucy.
- Oh, before I forget, John sends his best wishes.
- Oh thanks.

B3

- Where does Hilary come from?
- She was born in Vancouver. She lived there until she was eighteen.
- And when did she move to Boston?
- It was about three years ago.

- Where does Pierre come from?
- He was born in Paris. He lived there until he was twenty-five.
- And when did he move to Boston?
- It was about six months ago.

- Where does Hans come from?
- He was born in Cologne. He lived there until he was twelve.
- And when did he move to Boston?
- It was about nine years ago.

- Where does Ingrid come from?
- She was born in Stockholm. She lived there until she was thirty.
- And when did she move to Boston?
- It was about eleven years ago.

C1

Betr.: TU 984406 / MD
12. April 1998

Sehr geehrter Mr Hollis,

ich möchte mich hiermit über die zu späte Lieferung meiner Firmenbroschüren zur Pan-American Touristenmesse in Boston letzte Woche beschweren. Ihre Firma garantiert „Lieferung am nächsten Tag", aber die Broschüren kamen drei Tage zu spät an. Ich konnte sie also an den ersten beiden Messetagen meinen Besuchern nicht aushändigen. Dadurch hat meine Firma erhebliche geschäftliche Verluste erlitten.

Gestern habe ich Gerry Ewert, den stellvertretenden Leiter in Ihrem Bostoner Büro, angerufen. Er war sehr verständnisvoll, konnte mir jedoch die Verspätung auch nicht erklären. Er sagte mir, ich solle mich mit Ihnen in Ihrem Londoner Büro in Verbindung setzen, um über den Schadenersatz zu verhandeln.

Ich freue mich im Voraus, in dieser Angelegenheit so bald wie möglich von Ihnen zu hören.

Mit freundlichen Grüßen
Michael A. Davis
Stellvertretender Vertriebsleiter

PS: Sie können mich bis zum nächsten Mittwoch hier im Intercontinental Hotel in Boston erreichen (Fax 001 617–546938, Zimmer 256).

1. Mike complained about the late delivery of brochures to the fair in Boston.
2. The brochures arrived three days late.
3. Mike could not give brochures to visitors on the first two days of the fair.
4. Gerry Ewert works for the Boston office of Post Express.

5. Gerry could not explain the delay.
6. Gerry told Mike to contact the London office of Post Express to discuss compensation.

C2

2. wahr 3. falsch: Mr Hollis works for Post Express. 4. wahr 5. falsch: two problems 6. falsch: two hours 7. falsch: 48-hour strike 8. wahr 9. wahr 10. falsch: Mike asked Mr Hollis to fax ...

C3

I am writing to complain about your bank. You guarantee accurate monthly statements, but there was a mistake in your last statement and because of this our account was overdrawn.

C4

I am writing to complain about your helpline. You guarantee a 24-hour service, but the line was busy all day yesterday. Because of this it wasn't possible for us to install our new computers and software.

D2

1. booked	2. arrived	3. moved
4. worked	5. lived	6. studied
7. travelled	8. reserved	

D3

1. I worked until eight yesterday evening.
2. What time did you arrive at your hotel?
3. She didn't book a room for me.
4. Where did he stay in Boston?
5. They moved to Boston three weeks ago.
6. They didn't open the new branch before the fair.

D5

2. They moved to Toronto five months ago.
3. Hilary arrived four hours ago.
4. Scott and Hilary married ... years ago.
5. Caroline ordered a cab twenty minutes ago.
6. Mike faxed Post Express two days ago.

D7

1. more attractive	2. worse
3. bigger	4. more boring
5. cheaper	6. more comfortable
7. more exciting	8. more expensive
9. better	10. happier
11. more intelligent	12. more polite

Wortpaare mit gegensätzlicher Bedeutung: 2+9, 4+7, 5+8

E1

1. country	2. code	3. Germany
4. city	5. code	6. Maracay
7. dialling	8. ringing	9. engaged

E2

(C = Caller, O = Operator)

O: International operator. Can I help you?
C: Yes, I'd like to make a collect call to Bochum in Germany, please.
O: What's the number, please?
C: 743926.
O: And the person's name?
C: It's Fritz Eberhardt.
O: Thank you. Hold the line please. I'm sorry, the number you want is engaged. Would you like to … Oh … are you still there? Your number is available. I can connect you now.
C: Thank you.

R-Gespräch = collect call,
bleiben Sie dran = hold the line
besetzt = engaged
sind Sie noch dran? = are you still there?
frei = available
ich verbinde Sie = I can connect you

E3

1. Banknote/Geldschein, bill
2. Rechnung, check
3. Parkplatz, parking lot
4. Kino, movie theater
5. Farbe, color
6. Film, movie
7. Wohnung, apartment
8. Erdgeschoss, first floor
9. Aufzug, elevator
10. Benzin, gas
11. Laden/Geschäft, store
12. Toilette, bathroom
13. Hose, pants
14. U-Bahn, subway

E4

ÜBUNG 1

I know he worked for IBM.
■ How long ago did he work for IBM?
I know they moved to Toronto.
■ How long ago did they move to Toronto?
I know she studied German.
■ How long ago did she study German?

ÜBUNG 2

Was Mike here yesterday?
■ Yes, he was.
Did he come by car?
■ Yes, he did.
Were his friends here?
■ Yes, they were.
Did they have dinner together?
■ Yes, they did.
Were the children at home?
■ Yes, they were.

Was Mike here yesterday?
■ No, he wasn't.
Did he come by car?
■ No, he didn't.
Were his friends here?
■ No, they weren't.
Did they have dinner together?
■ No, they didn't.
Were the children at home?
■ No, they weren't.

ÜBUNG 3

When did they reserve the table?
■ They reserved it yesterday.
When did he arrive here?
■ He arrived here yesterday.
When did she book her holiday?
■ She booked it yesterday.

ÜBUNG 4

This one's very good.
■ But this one's better.
This one's very expensive.
■ But this one's more expensive.
This one's very heavy.
■ But this one's heavier.
This one's very interesting.
■ But this one's more interesting.
This one's very modern.
■ But this one's more modern.
This one's very bad.
■ But this one's worse.
This one's very comfortable.
■ But this one's more comfortable.

E5

Mike arrived at his hotel in Boston, but there was a problem with his room because there wasn't a lounge. He wanted something smaller and more informal than a conference room. In the evening, he was in the lobby with Scott and Hilary. She asked Mike where he comes from. He was born in England. When he was five, his family moved to Toronto and he lived there until he was eighteen. He studied in Montreal and then travelled around the world for a couple of years.

Lektion 7

A1

(M = Mike, P = Paul)

M: … und es war großartig. Ich habe eine dringende Bitte.
P: Ja? Und die wäre?
M: Könnten Sie einige Textmuster aus dem Katalog fürs nächste Jahr per E-Mail in Scotts Büro schicken? Wenn möglich, noch heute Nachmittag.
P: Ja. Wozu braucht er sie?
M: Nun, wir haben den Geschäftsführer einer Designagentur in Boston getroffen. Er hat uns einige ihrer neuesten Arbeiten gezeigt. Es waren die interessantesten Arbeiten, die wir dort gesehen haben.
P: Sind sie sehr teuer?
M: Es sind nicht die billigsten, aber Scott meint, dass ihr Preis im Rahmen seines Budgets liegt.
P: Oh, das ist gut. Was gibt es sonst für Neuigkeiten?
M: Nun … Scott und Hilary lassen schön grüßen …
P: Oh, danke. Wie geht es ihnen?
M: Sie sind beide sehr zufrieden in Boston. Wir sind am ersten Abend Essen gegangen. Und am nächsten Tag nahm Scott mich mit in die neuen Büros – sehr elegant.
P: Ich habe gehört, dass es ein Problem mit den Broschüren gab. Haben Sie sie schließlich bekommen?
M: Ja, aber ich habe an Post Express gefaxt und mich beschwert und anschließend habe ich mit Mr Hollis darüber gesprochen.
P: Sagen Sie, Mike, haben Sie morgen Zeit zum Mittagessen? Ich würde gern mehr darüber hören, was Sie auf der Messe gemacht haben …

A2

- ● What other news is there?
- ■ Well … Scott and Hilary send their regards.
- ● Oh, how are they?
- ■ They're both very happy in Boston.

- ● What other news is there?
- ■ Well … Mary sends her love.
- ● Oh, how is she?
- ■ She's very happy in New York.

- ● What other news is there?
- ■ Well … Sue and Pete send their regards.
- ● Oh, how are they?
- ■ They're both very busy in London.

A3

- ● What did you do on Monday?
- ■ I went out for dinner with Scott.
- ● Oh, I see.
- ■ Yes, and the next day I saw the new offices.
- ● Oh, good.

- ● What did you do on Wednesday?
- ■ I wrote to the head office.
- ● Oh, I see.
- ■ Yes, and the next day I saw the director.
- ● Oh, good.

- ● What did you do on Friday?
- ■ I did my report.
- ● Oh, I see.
- ■ Yes, and the next day I went to New York.
- ● Oh, good.

B1

(Be = Bedienung, M = Mike, P = Paul)

M: Das war köstlich.
P: Ja, mein Fisch war auch sehr gut. Erzählen Sie mir ein bisschen mehr über Boston. Was macht Scott?

M: Nun, im Moment ist er sehr beschäftigt, er macht Pläne für die nächsten Wochen. Zum Glück hat er eine hervorragende Assistentin. Sie kümmert sich um die gesamten Werbematerialien – sie verschickt Broschüren und Einladungen zum Informationstag, und so weiter.
P: Oh, das ist doch nächste Woche?
M: Nein … nein, es sind noch drei Wochen bis dahin.
P: Arbeitet Scott eigentlich diese Woche im Büro?
M: Nein. Er arbeitet von zu Hause aus.
P: Wie kommt denn das?
M: Weil es ein Problem mit dem neuen Computersystem im Büro gibt.
Be: Möchten Sie jetzt die Dessertkarte?
P: Ja, bitte. Was möchten Sie, Mike? Ich kann den hausgemachten Apfelkuchen empfehlen.
M: Mhm, das hört sich gut an. *(das Mobiltelefon klingelt)*
P: Oh, entschuldigen Sie mich … Hallo, Paul Thornton am Apparat …

B2

- Is Scott actually working in the office this week?
- No, he isn't. He's working from home.
- Oh, why is that then?
- Because there's a problem with the new computer system.

- Is Kate writing the report today?
- No, she isn't. She's doing the accounts.
- Oh, why is that then?
- Because there's a directors' meeting tomorrow.

- Is Sarah travelling to Manchester by train?
- No, she isn't. She's flying.
- Oh, why is that then?
- Because there's a 48-hour train strike.

- Are Scott and Hilary staying in a hotel?
- No, they aren't. They're staying with friends.
- Oh, why is that then?
- Because all the hotels are full.

B3

- Would you like to see the menu?
- Yes, please. What would you like, Mike?
- I don't know. What do you recommend?
- I can recommend their fish.
- Mm, that sounds good.

- Would you like to see the dessert menu?
- Yes, please. What would you like Mike?
- I don't know. What do you recommend?
- I can recommend their home-made apple pie.
- Mm, that sounds good.

- Would you like to see the wine list?
- Yes, please. What would you like Mike?
- I don't know. What do you recommend?
- I can recommend their Chardonnay.
- Mm, that sounds good.

- Would you like to see the menu?
- Yes, please. What would you like Mike?
- I don't know. What do you recommend?
- I can recommend their lobster.
- Mm, that sounds good.

C1

Betrifft: Weitere Schritte/Boston-Reise

1 Mit Scott über Werbetexte gesprochen. Im Allgemeinen – OK. Er hat ein paar Vorschläge. Bitte rufen Sie ihn zwecks Diskussion so bald wie möglich an.
2 Betr. Fotos – welche Größe? s/w oder Farbe? Negative oder Abzüge? Was ist am Besten? Achtung: Labor wartet auf Anweisungen.
3 Neuer Kontakt – Designagentur in Boston! Hewitt and Aidan – gute Preise,

hervorragende Arbeit. Hewitt nächsten Monat in London. Scott kann ein Treffen für Sie arrangieren – interessiert?

4 Vorschlag: Boston Eröffnungstags-Preis – 2 Personen/Niagarafälle/3 Nächte/ÜF inkl. Flug.

PS Scott 26. – 29. nicht da.

1 meeting with Scott
2 photos
3 advertising agency
4 free weekend break

C2

1. Scott	2. a laboratory
3. Hewitt	4. accommodation for two

C3

1. Tel	2. a.s.a.p.	3. B&B	4. b/w
5. incl.	6. NB	7. PS	8. Re.

C4

Fotos: black and white, negatives
Besprechung mit Tom Hewitt: Tuesday 10th, 4 o'clock, Hilton Hotel coffee bar
Eröffnung in Boston: new promotion video, 15 new posters
Andere Mitteilungen: thank Paul for text samples, tell Mike and Paul 750 new addresses from trade fair

C5

To: Paul T, From: Caroline H.
Concerning: Phone call with Scott

1 the photos: Scott can send in about a week. b/w negatives
2 Hewitt: I've got meeting with H., Tuesday 10th, 4 o'clock, coffee bar Hilton Hotel.
3 for the Boston opening: Scott wants new promotion video and 15 new posters.
4 other: thanks for sample texts. 750 new addresses from trade fair!

D2

1. did	2. gave	3. went
4. had	5. met	6. saw
7. took	8. wrote	

D3

1. was/were	2. brought	3. bought
4. came	5. did	6. drank
7. ate	8. knew	9. left
10. made	11. said	12. spoke
13. told	14. thought	

D5

1. the longest 2. the most exciting
3. more expensive than 4. the cheapest
5. the most popular 6. bigger than
7. sunnier than 8. the worst
9. the most intelligent
10. more comfortable than

D7

1. He is working in the office today. He isn't working in the office today. Is he working in the office today?
2. They are having lunch in the Chinese restaurant. They aren't having lunch in the Chinese restaurant. Are they having lunch in the Chinese restaurant?
3. It is raining at the moment. It isn't raining at the moment. Is it raining at the moment?

E1

1. bread	2. sugar	3. salt
4. pepper	5. glass	6. butter
7. water	8. menu	9. spoon
10. fork	11. knife	12. serviette

E3

Starters:
soup, mixed salad
Main courses + side dishes:
aubergines provençales + rice, roast pork + new potatoes + mixed vegetables

E4

1. have	2. bill
3. accept	4. credit cards
5. pay	6. cheque
7. service charge	8. included
9. have	10. receipt

E5

Übung 1

When did he go to London?
■ He went there yesterday.
When did they buy their car?
■ They bought it yesterday.
When did she speak to Scott?
■ She spoke to him yesterday.
When did Mike meet Paul?
■ He met him yesterday.
When did you tell your friends?
■ I told them yesterday.

Übung 2

meet
■ met
take
■ took
work
■ worked
come
■ came
drink
■ drank
go
■ went
visit
■ visited
write
■ wrote
see
■ saw
have
■ had
like
■ liked
bring
■ brought
move
■ moved
make
■ made
buy
■ bought
eat
■ ate
know
■ knew
leave
■ left
speak
■ spoke
park
■ parked
think
■ thought
tell
■ told
say
■ said
give
■ gave
do
■ did

Übung 3

Is it a cheap restaurant?
■ Yes, it's the cheapest restaurant I know.
Is he an interesting person?
■ Yes, he's the most interesting person I know.
Is it an exciting city?
■ Yes, it's the most exciting city I know.
Is she a bad singer?
■ Yes, she's the worst singer I know.

Übung 4

I asked him to send the brochures.
■ Yes, he's sending them now.

I asked him to write the report.
- Yes, he's writing it now.

I asked him to phone Mr Hewitt.
- Yes, he's phoning him now.

I asked him to help Caroline.
- Yes, he's helping her now.

E6

Paul asked Mike about the new design agency in Boston. They aren't the cheapest agency but their work was the most interesting. The next day, Paul and Mike went out for lunch. Paul asked about Scott. Mike told him that Scott is planning for the information day in three weeks' time and his assistant is dealing with the publicity materials. At the moment, Scott is working from home because there is a problem with the new computer system in the office.

Lektion 8

A1

(L = Lynne, T = Tanya)

L: Gut, nun ein Teil Ihrer Arbeit betrifft Rechnungen – also das Ausstellen von Rechnungen an Kunden. Die Rechnungen für die Buchungen des Tages werden ausgedruckt und Ihnen jeden Nachmittag gegeben. Sie schicken sie dann mit einem Bestätigungsschreiben raus.
T: In Ordnung.
L: Alle unsere Standardbriefe und -formulare sind natürlich im Computer gespeichert. Und Sie müssen daran denken, Einzelheiten zur Reiseversicherung hinzuzufügen. Haben Sie soweit irgendwelche Fragen, Tanya?
T: Nein, das ist alles vollkommen klar, danke.
L: Und hier ist Ihr Firmenausweis. Bitte vergessen Sie nicht, Sie dürfen ihn niemand anderen geben. Sie können alles über unser Gleitzeitsystem in Ihrem Mitarbeiterhandbuch nachlesen. Mit dem Ausweis müssen Sie jeden Tag Ihren Arbeitsbeginn und Arbeitsschluss registrieren. Schieben Sie die Karte in den Schlitz der Maschine und tippen Sie dann Ihre Personalnummer ein. Vergessen Sie nicht, das zu tun – Sie wollen doch keine Stunden verlieren!

A2

so far?
any questions so far?
Have you got any questions so far?

thank you.
very clear, thank you.
No, that's all very clear, thank you.

later.
ask me later.
You can always ask me later.

A3

- How do I clock in and out?
- Put your card in the slot and then punch in your ID number.
- Right.

- How do I get money out of the machine?
- Put your card in the slot and then punch in your account number.
- Right.

- How do I use the phone card?
- Put your card in the slot and then dial the telephone number.
- Right.

- How do I open the door to my room?
- Put your card in the slot and then open the door.
- Right.

B1

(L = Lynne, S = Scott)

S: … und das kam gestern Morgen von Paul Thornton. Es ist ein Teil des Fünfjahresplans der Firma.
L: Ist das etwas, was wir auch hier in den Staaten umsetzen können?
S: Ja, das hoffe ich. Es geht um eine neue Marketinginitiative, um mehr behinderte Kunden zu gewinnen.
L: Oh, das hört sich gut an.
S: Ja, zusätzlich zu unserem neuen „grünen Urlaubsangebot" im nächsten Jahr werden wir alle unsere Urlaubsangebote vom Standpunkt der behinderten Kunden aus bewerten.
L: Sie meinen, wir werden Gruppenurlaube anbieten, die speziell auf Behinderte ausgerichtet sind?
S: Nein, darum geht es nicht. Unsere Vertreter werden alle Hotels, die wir in unserem Programm haben, prüfen, so dass wir mehr Einzelheiten bezüglich behindertengerechter Einrichtungen in unsere Katalogen mitaufnehmen können.
L: Werden sie sich nur die Hotels ansehen?
S: Nein – Paul wird sich bei den Luftfahrt- und den Eisenbahngesellschaften erkundigen, welche Hilfe sie anbieten. Und Caroline wird diesbezüglich einen Fragebogen an die örtlichen Touristeninformationen schicken.
L: Hm, das könnte ein ziemlich interessanter neuer Markt sein.

B2

- They approved the plan last week.
- You mean the five-year plan?
- Yes that's right.

- They approved the training course last week.
- You mean the three-week training course?
- Yes, that's right.

- They approved the strike last week.
- You mean the two-day strike?
- Yes, that's right.

- They approved the contract last week.
- You mean the six-month contract?
- Yes, that's right.

B3

- Who's Paul going to contact?
- He's going to contact the airlines.
- Oh, that's good.

- What are the representatives going to inspect?
- They're going to inspect the hotels.
- Oh, that's good.

- What's Catherine going to send out?
- She's going to send out a questionnaire.
- Oh, that's good.

- Who's Mike going to train?
- He's going to train the new staff.
- Oh, that's good.

C1

FIRMENAUSWEIS, PIN-NUMMERN UND KENNWÖRTER

- Sie müssen Ihren Firmenausweis jederzeit im Gebäude mit sich führen.
- Sie dürfen keiner anderen Person erlauben, Ihre Karte zu benutzen.
- Teilen Sie keiner anderen Person Ihre Ausweisnummer mit.
- Falls Sie ihren Firmenausweis verlieren, so melden Sie dies unverzüglich der Personalabteilung.
- Das Kennwort wird am 5. eines jeden Monats geändert.

REGISTRIEREN VON ARBEITSBEGINN UND ARBEITSSCHLUSS MITTELS ZEITERFASSUNG

- Schieben Sie Ihre Karte mit dem Foto zur Uhr in den Schlitz.
- Tippen Sie Ihre Ausweisnummer und dann das Kennwort ein.
- Drücken Sie den roten Knopf.
- Wenn die Uhr das Datum und die Zeit anzeigt, drücken Sie den blauen Knopf.
- Drücken Sie nun den grünen Knopf und ziehen Sie Ihre Karte aus dem Schlitz.

1. F 2. T 3. F 4. F 5. T 6. F 7. T
8. F 9. T

C2

GLEITZEIT

- Das Gebäude ist von 6.30 Uhr bis 20.00 Uhr, von Montag bis Freitag geöffnet.
- Alle Angestellten müssen zwischen 10.00 Uhr und 16.00 Uhr an ihrem Arbeitsplatz sein.
- Für das Mittagessen ist eine einstündige Pause vorgesehen.
- Die Angestellten sind vertraglich verpflichtet, 40 Stunden in der Woche zu arbeiten.
- Die Angestellten werden nicht für Überstunden bezahlt.
- Die Angestellten dürfen maximal 2 Urlaubstage im Monat nehmen, um geleistete Überstunden auszugleichen.

1. can	2. can't	3. must	4. can
5. can	6. must	7. can	8. can't

C3

1 = reception, 2 = marketing department and publicity department, 3 = accounts department, 4 = manager's office, 5 = staff room
Debbie: reception area, Sam: accounts department, Scott: manager's office, Lynne: manager's office

C4

I'd like to tell you about my new job where I'm working as an assistant in the accounts department. It was my first day there last Monday and Lynne Jackson, the manager's PA, gave me my ID card. She showed me all the offices, then we went to my office, opposite the reception area. She also introduced me to my new colleagues, but I can't remember all of their names.

D2

1. are sent	2. are given	3. is made
4. is sold	5. are taken	6. is spoken
7. is written	8. is done	

D4

1. Don't go	2. Plan	3. Don't arrive
4. Have	5. Don't drink	6. Be

D6

1. Tanya must work forty hours a week. 2. She mustn't take longer than an hour for lunch. 3. She mustn't arrive later than 10 o'clock in the morning. 4. She must clock in every day. 5. She mustn't give her ID number to another person. 6. She must learn a new password every month.

D8

1a. She's going to work at home tomorrow.
2a. She worked at home yesterday.
3a. She works at home every Friday.
4a. She's working at home today.
1b. She isn't going to work at home tomorrow.
2b. She didn't work at home yesterday.
3b. She doesn't work at home every Friday.
4b. She isn't working at home today.

E1

1 = between, 2 = next to, 3 = in, 4 = behind, 5 = opposite, 6 = in front of, 7 = on, 8 = below, 9 = under, 10 = above

E2

1. bookcase 2. chair 3. computer
4. fax machine 5. desk 6. filing cabinet
7. lamp 8. office chair 9. photocopier
10. safe 11. telephone 12. table
13. waste bin

E3

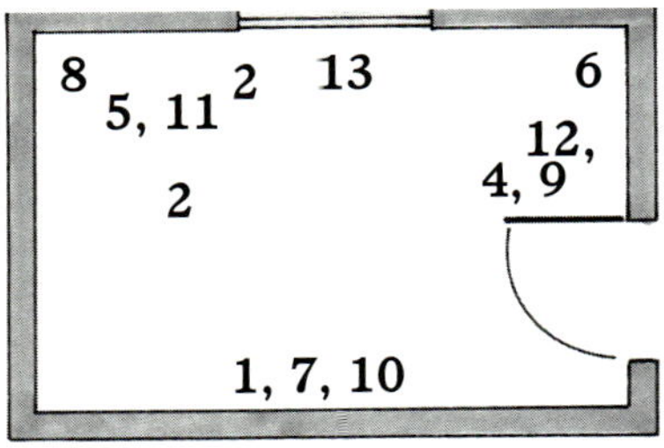

E4

Übung 1

Does she check the accounts on Mondays?
■ No, they're checked on Fridays.
Does she write her report on Mondays?
■ No, it is written on Fridays.
Does she send out the invoices on Mondays?
■ No, they're sent out on Fridays.
Do they give the list to Tanya on Mondays?
■ No, it is given to her on Fridays.

Übung 2

Don't be late, Tanya.
■ She mustn't be late.
Read the reports, Scott.
■ He must read the reports.
Don't forget to clock in, Tanya.
■ She mustn't forget to clock in.
Take your ID card to the office, Tanya.
■ She must take her ID card to the office.

Übung 3

I'd like to learn Spanish or Italian.
■ Don't learn Spanish, learn Italian.
I'd like to go to Canada or America.
■ Don't go to Canada, go to America.
I'd like to buy a Fiat or a Volkswagen.
■ Don't buy a Fiat, buy a Volkswagen.

Übung 4

It's the weekend now, ask me what I'm going to do.
■ What are you going to do?
And Tanya.
■ What is she going to do?
And Scott and Hilary.
■ What are they going to do?
I'm in a restaurant, ask me what I'm going to order.
■ What are you going to order?

E5

Lynne and Tanya work for the Boston branch of Travel Unlimited. Tanya sends out invoices, confirmations and insurance details to customers. All the employees there work flexitime, and they must clock in and out every day. As part of the new marketing initiative, the company is going to assess all their holidays from the point of view of disabled customers. They're going to contact hotels, airlines, train companies and local tourist offices about their facilities and the help they offer.

Lektion 9

A1

(L = Lynne, T = Tanya)

L: Sam findet, dass Sie sehr gut zurechtkommen, Tanya. Er meint, dass Sie sich sehr schnell in das Reisegeschäft einarbeiten.
T: Danke. Es gefällt mir hier auch wirklich gut. Und ich bin sehr aufgeregt wegen der Reise nach London nächste Woche.
L: Waren Sie schon einmal in London?
T: Nein.
L: Waren Sie schon einmal in Großbritannien?

T: Nein – eigentlich war ich überhaupt noch nie in Europa.

L: Nun, ich bin sicher, dass Ihnen London gefallen wird und dass Sie auch etwas Zeit haben werden, um sich die Sehenswürdigkeiten der Stadt anzusehen.

T: Oh, gut. Und die Planungssitzung wird für mich ebenfalls interessant sein.

L: Es wird schön sein, ein bisschen Zeit mit unseren Londoner Mitarbeitern zu verbringen.

T: Ja, ich freue mich darauf, sie kennen zu lernen.

L: Übrigens, vergessen Sie nicht, an *Office Supplies* zu faxen, bevor wir losfahren. Scott braucht dringend mehr Visitenkarten.

T: In Ordnung.

L: Und Sie bearbeiten doch die gesamten Rechnungen noch heute, oder?

T: Ja, natürlich.

A2

to London.
the trip to London.
excited about the trip to London.
I'm very excited about the trip to London.
meeting them.
looking forward to meeting them.
I'm looking forward to meeting them.

A3

- Have you ever been to London?
- No, I haven't. In fact, I've never been to the UK at all.
- Oh, haven't you?

- Have you ever been to New York?
- No, I haven't. In fact, I've never been to the USA at all.
- Oh, haven't you?

- Have you ever been to Montreal?
- No, I haven't. In fact, I've never been to Canada at all.
- Oh, haven't you?

- Have you ever been to Bombay?
- No, I haven't. In fact, I've never been to India at all.
- Oh, haven't you?

- Have you ever been to Sydney?
- No, I haven't. In fact, I've never been to Australia at all.
- Oh, haven't you?

B1

(D = Derek, T = Tanya)

T: Oh, dieses Sandwich schmeckt gut. Ich war wirklich hungrig.

D: Ich auch.

T: Waren Sie schon einmal in den Staaten, Derek?

D: Ja.

T: Wann waren Sie denn dort?

D: Ich bin vor zwei Jahren mit einem Freund nach Florida gefahren. Vielleicht fahren wir nächstes Jahr wieder dorthin und mieten uns ein Auto.

T: Vielleicht komme ich im nächsten Jahr wieder hierher, um Urlaub zu machen und mehr von Großbritannien zu sehen.

D: Das ist eine gute Idee. Diese Woche haben Sie nicht allzu viel freie Zeit, nicht wahr? Alle diese Sitzungen …

T: Ja, und dann ist da noch das Jahres-Dinner des Reisegesellschaftsverbands am Donnerstag.

D: Wie steht's mit dem Wochenende? Sind Sie dann noch hier?

T: Nein. Unser Rückflug geht um sechs am Freitag.

D: Oh, das ist aber schade. Es ist ein verlängertes Wochenende wegen des gesetzlichen Feiertags am Montag und es gibt ein großes Freiluftkonzert im Hyde Park.

T: Oh, das hört sich gut an. Es tut mir Leid, dass ich da nicht mehr hier sein werde.
D: Na ja, vielleicht im nächsten Jahr.
T: Das hoffe ich.

B2

Oh, this sandwich is good.
I was really hungry.
Oh, this sandwich is good. I was really hungry.
Oh, this Coke is good.
I was really thirsty.
Oh, this Coke is good. I was really thirsty.

B3

- Have you ever been to the States?
- Yes, I have. I went to Florida with a friend two years ago.
- Oh, did you?

- Have you ever been to France?
- Yes, I have. I went to Paris on business six months ago.
- Oh, did you?

- Have you ever been to Canada?
- Yes, I have. I went to Vancouver for a holiday a year ago.
- Oh, did you?

- Have you ever been to Italy?
- Yes, I have. I went to Milan for a conference three weeks ago.
- Oh, did you?

C1

Programm

TRAVEL UNLIMITED
JAHRESPLANUNGSVERSAMMLUNG
8. SEPTEMBER – 12. SEPTEMBER

MONTAG:
Ankunft in London (Einzelheiten und Stadtplan liegen bei)
Mitarbeiter aus Boston und Rom – Adelphi Hotel
Mitarbeiter aus Paris, Tokyo und Vancouver – Regency Hotel

DIENSTAG:
10.00 Uhr Eröffnungssitzung „Jahresrückblick" – Jim Vallance MD
13.00 Uhr Mittagessen
14.30 Uhr Sitzungen der einzelnen Abteilungen
17.30 Uhr Abend zur freien Verfügung

MITTWOCH:
10.00 Uhr Ergebnisberichte der Abteilungssitzungen
13.00 Uhr Mittagessen
14.30 Uhr Vorstandssitzung
Übrige Mitarbeiter: Zeit für Stadtbesichtigung
19.30 Uhr Abendessen mit den Geschäftsführern bei Luigi's in Covent Garden

DONNERSTAG:
10.00 Uhr Präsentation und Diskussion zukünftiger Vorhaben – Jim Vallance MD
13.00 Uhr Mittagessen
14.00 Uhr Letzte Sitzung
20.00 Uhr Jahres-Dinner des Reisegesellschaftsverbands im Plaza Hotel, Hyde Park

FREITAG:
10.00 Uhr Abschließende Sitzung, gefolgt von einem informellen Mittagessen in der Hauptgeschäftsstelle.

Abreise der Mitarbeiter aus Übersee.

1. Adelphi	2. Rome	3. six
4. free	5. are doing	6. Plaza
7. Annual	8. will be	9. leaves

C2

finance = 3,
marketing = 2,
public relations = 4,
training = 1

C3
1. No, I've never been on a Travel Unlimited holiday. 2. I've been to France, Spain and Switzerland. 3. I went to Spain.
4. I didn't fly, I drove. 5. I'm going to spend two weeks in Scotland next June.
6. Yes, I've been there twice. 7. No, I won't, because they are too expensive.
8. Yes, please. / No, thank you.

D2

do – done	give – given
make – made	sell – sold
send – sent	speak – spoken
take – taken	write – written

D3
1. Have you ever spoken 2. Has she ever met 3. They have never seen 4. I have eaten 5. She has never been 6. Have they ever written

D5
Have you ever eaten lobster? – Yes, I have.
Where did you eat it? – I ate it in Boston.
When did you go to Boston? – I went there two years ago.

D7
1. won't 2. will 3. will 4. will 5. won't

D9
1. badly 2. fast 3. well 4. carefully
5. quickly

E1
drawing pins = Reißzwecken, elastic bands = Gummibänder, hole punch = Locher, paper clip = Büroklammer, pen = Stift, pencil = Bleistift, pencil sharpener = Bleistiftspitzer, rubber = Radiergummi, ruler = Lineal, scissors = Schere, sellotape = Tesafilm, stapler = Hefter

E2
To be held on Wednesday Sept. 10th at 14.30 in the Concorde Room
1. for 2. of 3. by 4. of 5. of, for
6. for 7. to, on

E3
RSVP (Französisch: Répondez s'il vous plaît) = u.A.w.g.
PTO (please turn over) = bitte umblättern, encl. (enclosed) = Anlage
i.e. (Lateinisch: id est) = d.h.
e.g. (Lateinisch: exempli gratia) = z.B.
etc. (Lateinisch: et cetera) = usw.
AOB (any other business) = Verschiedenes, pp (Lateinisch: per pro) = i.A.

E4
Übung 1
John's got a friend in Paris.
■ Has he ever been there?
My neighbours have got a friend in Rome.
■ Have they ever been there?
I've got a friend in New York.
■ Have you ever been there?
Tanya's got a friend in Dublin.
■ Has she ever been there?

Übung 2
Do you often give big parties?
■ No, I've never given a big party.
Do you often eat caviar?.
■ No, I've never eaten caviar.
Do you often speak to your managing director?
■ No, I've never spoken to my managing director.
Are you often late for meetings?
■ No, I've never been late for a meeting.

Übung 3
He was here yesterday.
■ And he'll be here tomorrow.

They weren't in the office yesterday.
■ And they won't be in the office tomorrow.
It was a lovely day yesterday.
■ And it will be a lovely day tomorrow.

Übung 4
She's a good singer, isn't she?
■ Yes, she sings very well.
He's a fast driver, isn't he?
■ Yes, he drives very fast.
He's a hard worker, isn't he?
■ Yes, he works very hard.
She's a bad dancer, isn't she?
■ Yes, she dances very badly.

E5

Tanya is doing well in her new job and is learning about the travel business very quickly. She is excited about the trip to London for the company's annual planning meeting. Tanya has never been to Europe. In London, she meets the head office employees. One day she has lunch at a sandwich bar with Derek, the receptionist in London. Tanya won't be in London for the bank holiday weekend because her return flight to Boston is on Friday afternoon. Derek thinks that's a pity, but perhaps they'll meet again next year.

Lektion 10

A1

(C = Caroline, J = Jim, La = Lady, P = Paul, SB = Sir Basil)

P: Nun, das war ein leckeres Essen, oder? Eigentlich müsste es jetzt bald Zeit für die Preisverleihung sein. Ich bin gespannt, wer die Gewinner sind.
C: Hm. Ich auch. Ich weiß gar nicht, wer im letzten Jahr gewonnen hat.
P: Ich auch nicht..
La: Meine Damen und Herren, und nun zum Höhepunkt des Abends … Ich möchte Ihnen unseren Präsidenten, Sir Basil Wentworth-Davis vorstellen, der dieses Jahr die Preise verleihen wird.
SB: Guten Abend, meine Damen und Herren. Und nun ist es mir eine große Ehre, die Gewinner der diesjährigen Preisverleihung zu verkünden. Als erstes verleihen wir unseren Preis für „Innovative Unternehmen". Er geht an eine Firma, die hier in London ansässig ist. Im letzten Jahr eröffnete diese Firma zwei neue Niederlassungen in wichtigen Märkten in Übersee. Doch nicht nur das, sie führte auch ein ansprechendes neues Angebot mit dem Namen „grüner Urlaub" ein. Diese Form des Urlaubs ist dementsprechend bereits bei Personen jeden Alters, denen die Umwelt am Herzen liegt, außerordentlich erfolgreich und beliebt. Ich möchte den Geschäftsführer von *Travel Unlimited* bitten, die Auszeichnung entgegenzunehmen … Herzlichen Glückwunsch, Mr Vallance.
J: Vielen Dank, Sir Basil.
SB: Ich habe mit großem Interesse gelesen, wie Sie …

A2

■ It must be time for the awards now.
■ It must be time for dinner now.
■ It must be a lovely hotel.
■ They must be the winners.
■ He must be a very good managing director.

A3

● The winners?
■ Yes, I wonder who the winners are.
● Mm, I wonder.

● The time?
■ Yes, I wonder what the time is.
● I'm sorry, I don't know.

- His name?
- Yes, I wonder what his name is.
- I think it's Mike.

- The new brochures?
- Yes, I wonder where the new brochures are.
- They're at reception.

- The meeting?
- Yes, I wonder when the meeting is.
- It's next Wednesday.

B1

(D = Derek, P = Paul, S = Scott, T = Tanya)

S: Tja, herzlichen Glückwunsch, Paul. Wissen Sie, Ihre Idee … der „grüne Urlaub", war wirklich ein Erfolg. Gut gemacht!

P: Oh, danke, Scott … aber es war natürlich ein Teamprojekt. Ich hoffe, dass Sie diese Art des Urlaubs auch in Amerika einführen können.

S: Ja, das hoffe ich. Wir werden die Idee an unseren Markt anpassen müssen …doch ich werde mich dazu in Kürze bei Ihnen melden.

P: In Ordnung. Oh, sehen Sie mal, wie spät es ist … wann geht Ihr Flugzeug?

S: Um sechs. Aber spätestens um halb fünf muss ich eingecheckt haben Können wir von hier ein Taxi nehmen?

P: An Ihrer Stelle würde ich mit der U-Bahn fahren. Der Verkehr in London ist freitags nachmittags fürchterlich. Als ich das letzte Mal zum Flughafen musste, habe ich wegen des Verkehrs beinahe das Flugzeug verpasst.

S: In Ordnung – Tanya, sind Sie fertig?

T: Schon unterwegs! Tja, Derek, Tschüss … danke für alles.

D: Tschüss, Tanya … vielleicht sehe ich Sie nächstes Jahr wieder.

T: Hey, was soll denn das heißen … vielleicht?

B2

- What time is your plane?
- It leaves at six o'clock.
- And what time must you be there?
- The latest check-in time is half past four.
- I see.
- Can we get a taxi from here?
- If I were you, I'd go by underground.

- What time is your plane?
- It leaves at half past eleven.
- And what time must you be there?
- The latest check-in time is quarter to eleven.
- I see.
- Can we get a bus from here?
- If I were you, I'd go by taxi.

- What time is your plane?
- It leaves at twenty past two.
- And what time must you be there?
- The latest check-in time is ten to two.
- I see.
- Can we get a train from here?
- If I were you, I'd go by bus.

B3

- I missed my plane yesterday.
- Why?
- Because of the traffic.
- Oh dear.

- I stayed at home yesterday.
- Why?
- Because of the bad weather.
- Oh dear.

- I lost my job yesterday.
- Why?
- Because of last year's sales.
- Oh dear.

C1

Erfolg für Travel Unlimited – Londoner Reiseunternehmen erhält Top-Auszeichnung

Der jährliche Empfang des Verbands der Reiseunternehmen fand gestern Abend im Plaza Hotel statt. 210 Reiseunternehmen, vertreten durch über 500 Teilnehmer, repräsentierten ein Spektrum, das von den größten weltweiten Organisationen bis hin zum kleinsten Spezialanbieter, dem im schottischen Hochland ansäßigen Haggis Holidays, reichte. Sir Basil Wentworth-Davis, der Präsident des Verbands, war Vorsitzender einer Fernsehgesellschaft, bevor er eine neue Karriere im Reisegeschäft begann. Er sprach über die Ergebnisse des letzten Jahres – für die meisten Unternehmen war es nach einer zähen Anfangsphase ein gutes Jahr. Im ersten Quartal mussten drei Unternehmen aufgrund finanzieller Schwierigkeiten schließen. Allerdings wurden im weiteren Verlauf des Jahres fünf neue Unternehmen Mitglieder des Verbands und erhöhten damit die Mitgliederzahl auf insgesamt 320. Eine dieser Firmen, *Travel Unlimited,* erhielt für ihren ungewöhnlichen „grünen Urlaub" die Auszeichnung für „Innovative Unternehmen". Der Geschäftsführer von *Travel Unlimited,* Jim Vallance, nahm die Auszeichnung im Namen aller Mitarbeiter entgegen. Er freute sich außerordentlich, dass auch einige seiner Mitarbeiter aus Übersee an dem Empfang teilnehmen konnten. Nach der Preisverleihung kündigte Mr Vallance in einem Interview die Pläne seines Unternehmens an, im nächsten Jahr auch in den Vereinigten Staaten „grüne" Urlaubsangebote einzuführen. Für die Vermarktung wird die neu eröffnete Niederlassung von *Travel Unlimited* in Boston verantwortlich sein.

Sarah Weston, Korrespondentin in London

1. F 2. T 3. T 4. F 5. F 6. F 7. T

C2

I asked Mr Vallance about the company's future plans. Question: What new holidays are you going to market next year? Answer: Travel Unlimited's plans for the future include holidays for people with disabilities. Paul Thornton, our marketing manager, is finding the best locations for these special holidays.

C3

LH 4021, Frankfurt, 17.50, 24
BA 462, Madrid, 17.30, 16
SR 809, Zurich, 17.35, 7

1 Mr Ricardo Sanchez
= BA desk departure lounge, to collect a message
2 Sally Connolly
= Lufthansa check-in desk, to collect the tickets
3 Mr and Mrs Harris
= meeting point, to meet someone

D2

1. a) She couldn't work
b) She won't be able to work
2. a) He'll have to go to work
b) He must go to work
3. a) Will they have to be in London
b) Did they have to be
4. a) Will they be able to meet him
b) Can they meet him

D4

1. is going to visit 2. will be
3. leaves 4. will have to
5. might buy 6. will be
7. won't be able 8. is going to meet
9. might go 10. might watch
11. starts 12. will be

D6

1f 2d 3a 4h 5g 6b 7e 8c

D8

1. so 2. hope 3. don't think 4. so

E1

6 = by bicycle
1 = by car
7 = by motorbike
10 = by ship
4 = by train
8 = by bus
3 = on foot
9 = by plane
2 = by taxi
5 = by underground

E2

positive: fantastic, great, marvellous, wonderful
somewhere between: all right, nice, okay
negative: awful, boring, horrific, terrible

E3

3 = Bless you.
4 = Cheers.
10 = I'm sorry.
5 = Pardon.
1 = Congratulations.
9 = I'm pleased to hear that.
7 = I'm sorry to hear that.
8 = Oh. that's a good idea.
2 = Thank you, the same to you.
6 = You're welcome.

E4

ÜBUNG 1

He had to work yesterday.
▪ And he'll have to work tomorrow, too.
She couldn't see him yesterday.
▪ And she won't be able to see him tomorrow either.
They didn't have to go to London yesterday.
▪ And they won't have to go to London tomorrow, either.
She could leave at four o'clock yesterday.
▪ And she'll be able to leave at four o'clock tomorrow, too.

ÜBUNG 2

Is Derek going to visit Tanya.?
▪ Well, he might visit her.
Is Derek going to write to Tanya?
▪ Well, he might write to her.
Is Caroline going to ask Paul?
▪ Well, she might ask him.
Is Sarah Weston going to interview Sir Basil?
▪ Well, she might interview him.

ÜBUNG 3

Scott and Hilary have got a car.
▪ So have I.
Paul likes his job.
▪ So do I.
Mike went to Boston.
▪ So did I.
Derek and his friends were at the concert.
▪ So was I.

Tanya didn't go to the concert.
▪ Neither did I.
Caroline won't be at the meeting.
▪ Neither will I.

E5

The evening at the Plaza Hotel was great. After dinner, the president of the association presented Travel Unlimited with an award for their green holidays. These holidays are extremely successful and popular with people of all ages. Scott hopes that he will be able to introduce them in America next year. But he will have to adapt the idea for the American market.

Pronomen (Fürwörter)

I	*ich*	me	*mich/mir*	my	*mein*
you	*du/Sie*	you	*dich/Sie, dir/Ihnen*	your	*dein/Ihr*
he	*er*	him	*ihn/ihm*	his	*sein*
she	*sie*	her	*sie/ihr*	her	*ihr*
it	*es*	it	*es/ihm*	its	*sein*
we	*wir*	us	*uns*	our	*unser*
you	*ihr/Sie*	you	*euch/Sie, euch/Ihnen*	your	*euer/Ihr*
they	*sie*	them	*sie/ihnen*	their	*ihr*

Bestimmter und unbestimmter Artikel

the	der/die/das *(sing.)*, die *(pl.)*
a	ein/eine
an	ein/eine (vor einem Wort, das mit einem Vokal beginnt)

Pluralbildung bei Substantiven (Hauptwörtern)

regelmäßig

book	➤	boo**ks**
car	➤	ca**rs**
house	➤	hou**ses**
glass	➤	gla**sses**
watch	➤	wat**ches**
lady	➤	lad**ies**
country	➤	coun**tries**
knife	➤	kni**ves**
life	➤	li**ves**

Der Plural wird durch Anhängen von *-s* gebildet. Nach *-s, -ss, -sh, -ch* und *-x* hängt man *-es* an. Nach einem Konsonanten wird *-ys* zu *-ies. -fes* wird zu *-ves.*

unregelmäßig

man	➤	men
woman	➤	women
child	➤	children
foot	➤	feet
tooth	➤	teeth

Register der Grammatik in den Lektionen

Unregelmäßige Verben

Grundform	Einfache Vergangenheit	Partizip Perfekt	
be	was/were	been	*sein*
become	became	become	*werden*
begin	began	begun	*beginnen*
bring	brought	brought	*bringen*
buy	bought	bought	*kaufen*
come	came	come	*kommen*
deal with	dealt with	dealt with	*bearbeiten*
do	did	done	*tun, machen*
draw	drew	drawn	*ziehen*
drink	drank	drunk	*trinken*
drive	drove	driven	*fahren*
eat	ate	eaten	*essen*
feel	felt	felt	*fühlen*
find	found	found	*finden*
fly	flew	flown	*fliegen*
forget	forgot	forgotten	*vergessen*
get	got	got	*bekommen*
give	gave	given	*geben*
go	went	gone	*gehen*
have	had	had	*haben*
hear	heard	heard	*hören*
hold	held	held	*halten*
keep	kept	kept	*behalten*
know	knew	known	*kennen, wissen*
leave	left	left	*(zurück-/ver-)lassen*
lose	lost	lost	*verlieren*
make	made	made	*machen*
meet	met	met	*treffen, kennen lernen*
pay	paid	paid	*bezahlen*
put	put	put	*legen, setzen, stellen*
read [iː]	read [e]	read [e]	*lesen*
say	said	said	*sagen*
see	saw	seen	*sehen*
send	sent	sent	*schicken, senden*
sing	sang	sung	*singen*
sit	sat	sat	*sitzen*

smell	smelt	smelt	*riechen*
speak	spoke	spoken	*sprechen*
spend	spent	spent	*ausgeben*
take	took	taken	*nehmen*
tell	told	told	*sagen, erzählen*
think	thought	thought	*denken*
understand	understood	understood	*verstehen*
win	won	won	*gewinnen*
write	wrote	written	*schreiben*

Die Zahl in Klammern verweist auf die Lektion, in der das Wort zum ersten Mal erscheint. (AE) bedeutet amerikanisches Englisch, (BE) britisches Englisch.

A

a ein/e/r (1)
able fähig, in der Lage (10)
about über, ungefähr (1)
about to im Begriff sein, dabei sein (1)
abroad im Ausland (1)
absence Abwesenheit (9)
accept annehmen, akzeptieren (10)
accident Unfall (8)
accommodation Unterkunft, Unterbringung (7)
account Konto (5)
accountable verantwortlich (4)
accountant Buchhalter/-in, Wirtschaftsprüfer/-in (1)
accounts department Buchhaltung (8)
accurate genau (6)
activity Tätigkeit (1)
actually eigentlich, tatsächlich (7)
ad (*Kurzform für* advertisement) Anzeige, Inserat, Werbung (7)
adapt anpassen (10)
addition Zusatz, Hinzufügung (8)
additional zusätzlich (5)
address Adresse, Ansprache (2)
adopt annehmen, übernehmen (8)
advance vorankommen, vorauszahlen; Kredit (6)
adverb of frequency Adverb der Häufigkeit (4)
advert (*Kurzform für* advertisement) Anzeige, Inserat, Werbung (3)
advertisement Anzeige, Inserat, Werbung (7)
advertiser Inserent, Anzeigenkunde (5)
advertising Werben, Inserieren, Werbe- (1)
advertising agency Werbeagentur (7)
advertising company Werbeunternehmen (1)
adviser Berater (1)
afraid: I'm afraid leider, ich fürchte (3)
Africa Afrika (4)
after nach, hinterher, danach, später (8)
afternoon Nachmittag (1)
again wieder (3)
age Alter (2)
agency Agentur, Vermittlung (7)
agenda Tagesordnung (5)
ago vor *(zeitlich)* (6)
ahead voraus, vorwärts, an der Spitze (5)
airline Fluggesellschaft (5)
airport Flughafen (5)
aisle Gang (5)
aisle seat Sitz am Gang (5)
alcohol Alkohol (8)
all alle (1)
all right in Ordnung (10)
allow erlauben, gestatten (4)
already schon, bereits (10)
also auch (1)
altogether insgesamt, zusammen (4)
always immer (3)
a.m. (*Abkürzung für* ante meridiem) vormittags (8)
America Amerika (2)
American amerikanisch; Amerikaner/-in (2)
an ein/e/r (1)
analysis Analyse (4)
and und (1)
angry zornig, böse (9)
anniversary Jahrestag, Jahresfeier (10)
announce ankündigen (10)
annual jährlich (4)
annual conference Jahrestagung (4)
annual planning meeting Jahresplanungstreffen (9)
annual review Jahresrevision (9)
another ein anderer, ein weiterer (2)
answer Antwort; antworten (1)
any jede/r/s, einige (1)

anyone irgendjemand, jedermann (8)
AOB (*Abkürzung für* any other business) Sonstiges (9)
apartment Wohnung (6)
apologise sich entschuldigen (6)
apology Entschuldigung (9)
apostrophe Apostroph (10)
apple Apfel (7)
apple pie (gedeckter) Apfelkuchen (7)
application Bewerbung, Anwendung (2)
application form Bewerbungsformular (2)
apply sich bewerben, anwenden (6)
apply for sich bewerben für/um (3)
appointment Termin (1)
approval Genehmigung, Billigung (9)
approve genehmigen, billigen (8)
April April (2)
area Gebiet (8)
around ungefähr, um ... herum (4)
arrange arrangieren, organisieren, vorbereiten (7)
arrangement Vereinbarung, Einrichtung (6)
arrival Ankunft (5)
arrival time Ankunftszeit (5)
arrive ankommen (5)
article Ware, Artikel (1)
as so wie (1)
a.s.a.p. (*Abkürzung für* as soon as possible) so bald wie möglich (7)
Asia Asien (4)
ask fragen, bitten (1)
ask for bitten um (1)
assess bestimmen, festsetzen, schätzen (8)
assistant Assistent/-in, Mitarbeiter/-in (1)
association Verband, Gesellschaft (9)
at in, an, zu, bei, um, auf, am (1)
at all überhaupt, durchaus (9)
at home zu Hause (1)
at work bei der Arbeit, tätig (1)
attendant begleitend, Begleiter (5)
attract anziehen, fesseln (8)
attractive reizvoll, attraktiv (3)
aubergine Aubergine (7)
August August (2)
Australia Australien (4)
Austria Österreich (5)
autumn (BE) Herbst (6)
available verfügbar, lieferbar, erhältlich (5)
award Auszeichnung, Preis (10)
away weg, fort, hinweg (7)
awful furchtbar, schrecklich (7)

B

back zurück (3)
bad schlecht (5)
badge Abzeichen, Ausweis (8)
balcony Balkon (5)
band Musikkapelle, Band, Gruppe (9)
bank Bank (1)
bank holiday nicht-kirchlicher gesetzlicher Feiertag (9)
bank note Banknote (6)
bank transfer Banküberweisung (7)
banking Bankgeschäft, Bankwesen (5)
bar Bar, Kneipe (3)
bar lunch in einer Bar serviertes Mittagessen (2)
base Grundlage, Basis, gründen (10)
basement Kellergeschoss, Parterre (3)
bath Bad (5)
bathroom Toilette, Badezimmer (5)
be sein (2)
bear Bär (1)
because weil, da (1)
bed Bett (5)
bed and breakfast (*auch abgekürzt:* B&B) Frühstückspension (5)
beer Bier (1)
before vorher, vor (3)
begin anfangen, beginnen (10)
beginning Anfang (4)
behind hinter (1)
below unterhalb (3)
belt Gürtel (5)
best beste/r/s (5)
better besser (5)

between zwischen (8)
bicycle Fahrrad (1)
big groß (1)
bilingual zweisprachig (2)
bill Rechnung (6)
billing Rechnungsstellung (8)
bin Kasten, Behälter (8)
birth Geburt (3)
birthday Geburtstag (10)
biscuit Keks (7)
bit Stück, Happen; bisschen (7)
black schwarz (7)
bless you! Gesundheit! (10)
blue blau (8)
board Ausschuss, Komitee (1); einsteigen, an Bord gehen (5)
board of directors Vorstand (4)
bon apetit! Guten Appetit! (7)
book buchen; Buch (5)
bookcase Bücherregal (8)
booking Buchung (5)
booklet Büchlein (8)
boring langweilig (6)
born geboren (6)
borrow leihen, ausleihen (9)
boss Chef, Vorgesetzter (5)
Boston Boston (5)
both beide/s (6)
bother sich bemühen, stören (6)
box Schachtel, Karton (3)
boyfriend (männlicher) Freund (4)
bracket Klammer (10)
brainstorming Brainstorming (9)
branch Zweigstelle, Niederlassung (4)
Brazil Brasilien (2)
Brazilian brasilianisch; Brasilianer/-in (2)
bread Brot (7)
break Pause; zerbrechen, kaputtmachen (7)
break the ice das Eis brechen, auftauen *(beim Kennenlernen)* (6)
breakfast Frühstück (5)
brief kurz (1)
bring bringen (7)
bring up (a topic) (ein Thema) anschneiden, zur Sprache bringen (2)
Britain Großbritannien (2)
brochure Broschüre (1)
brown braun (8)
budget Haushaltsplan, Budget (4)
building Gebäude (1)
building society Bausparkasse (1)
bus Bus (4)
business Geschäft (4)
business card Visitenkarte (9)
business class Business-Klasse (5)
business letter Geschäftsbrief (6)
businessman Geschäftsmann (4)
busy beschäftigt, besetzt (3)
but aber (2)
butter Butter (7)
button Knopf (8)
buy kaufen (4)
by neben, an, bei, durch, bis (1)
by the way übrigens (4)
bye! Tschüss! (10)

C

cab Taxi (6)
cabinet Vitrine, Kabinett (8)
café Café (7)
call anrufen, rufen (2)
call back zurückrufen (3)
caller Anrufer, Besucher (1)
can können; Dose (1)
Canada Kanada (2)
Canadian kanadisch; Kanadier/-in (2)
canteen Kantine (3)
capital Kapital, Haupt-, Hauptstadt (10)
capital letter Großbuchstabe (2)
car Auto (1)
car park Parkplatz (6)
card Karte (7)
care Pflege, Wartung; sich kümmern (10)
career Karriere (10)
careful vorsichtig (9)
case Kiste, Fall (1)

cash einlösen; Bargeld (5)
cash-flow Kassenzufluss (10)
cash on delivery (COD) per Nachnahme (6)
casserole Schmorpfanne (7)
catalogue Katalog (3)
catering Lebensmittelversorgung, Catering (5)
center (AE) Zentrum, Mitte (5)
central Zentral-, Haupt-; zentral (4)
centre (BE) Zentrum, Mitte (5)
ceremony Feier, Zeremonie (10)
certainly bestimmt (3)
certificate Zeugnis (10)
chair Stuhl, Vorsitz (8)
chairman Vorsitzender (10)
chairperson Vorsitzende/r (10)
change wechseln, ändern; Änderung, Wechselgeld (3)
charge Gebühr; beladen, berechnen (7)
charitable wohltätig, barmherzig (10)
chart Tabelle, Diagramm (1)
chat Plauderei; schwatzen (2)
cheap billig (6)
check Kassenschein; Prüfung, Rechnung; überprüfen (4)
check-in (am Flughafen) einchecken; Abfertigung (5)
check-in desk Abfertigungsschalter (10)
check-in time Eincheckzeit (10)
cheers! Prost! (2)
cheese Käse (7)
cheque Scheck (5)
chicken Huhn, Hühnchen (7)
children Kinder (1)
China China (2)
Chinese chinesisch; Chinese/Chinesin (2)
chips Pommes Frites (7)
chocolate Schokolade (7)
chocolate gateau Schokoladentorte (7)
Christmas Weihnachten (1)
cinema Kino (3)
circle Kreis (4)
citizen Bürger (1)
city Stadt, Innenstadt (2)
civil höflich, bürgerlich (1)
civil servant Beamte/r (1)
class Klasse, Rangstufe (5)
clean-shaven glatt/gut rasiert (1)
clear klar, deutlich, frei (8)
clerk Verkäufer, Buchhalter (1)
clock Uhr (1)
clock in den Arbeitsbeginn mit einer Stempelkarte registrieren (8)
clock out den Arbeitsschluss mit einer Stempelkarte registrieren (8)
close schließen, zumachen (10)
coat Mantel, Jacke (6)
coat hanger Kleiderbügel (6)
cocktail Cocktail (6)
cocktail bar Cocktail Bar (6)
COD (*Abkürzung für* cash on delivery) per Nachnahme (6)
code Code, Schlüssel (6)
code of practice Verhaltensregeln (8)
coffee Kaffee (1)
coffee bar Kaffee-Bar (6)
Coke Coca-Cola (9)
cold kalt; Erkältung (5)
colleague Kollege/Kollegin (5)
collect sammeln (6)
collect call R-Gespräch (6)
Cologne Köln (6)
color (AE) Farbe; einfärben (5)
colour (BE) Farbe; einfärben (5)
come kommen (3)
come across zufällig auf etwas stoßen (2)
comfortable bequem (6)
comma Komma (10)
committee Komitee, Ausschuss (9)
common noun Gattungsname (9)
company Firma (1)
company account Firmenkonto (5)
company profile Unternehmensprofil (4)
company regulations Firmenvorschriften (8)

company stationery Büromaterial mit Firmenlogo (9)
compensate kompensieren, ausgleichen (8)
compensation Entschädigung (6)
complain sich beschweren (6)
complaint Beschwerde (8)
complex komplex, kompliziert (5)
compliments slips „ohne Begleitschreiben" (9)
compound adjective zusammengesetztes Adjektiv (6)
computer Rechner, Computer (1)
concern betreffen (7)
concert Konzert (9)
conference Konferenz (3)
conference centre Tagungszentrum (6)
conference room Konferenzraum (3)
confident zuversichtlich, sicher (8)
confirm bestätigen (6)
confirmation Bestätigung (3)
congratulate gratulieren (6)
congratulations! meinen Glückwunsch! (4)
connect verbinden (6)
consist of bestehen aus (4)
contact Kontakt; Verbindung aufnehmen (1)
continental Bewohner, Dinge oder Eigenschaften des europäischen Festlandes (5)
contract Vertrag (2)
control Kontrolle; steuern, kontrollieren (5)
cooking Kochen, Kochkunst (7)
cooperative zusammenarbeitend (4)
copy kopieren; Kopie (6)
core time Kernzeit (8)
corner Ecke (3)
correct richtig (5)
correspondent Korrespondent/-in, Berichterstatter/-in (10)
cost Preis, kosten (1)
costs Kosten, Unkosten (2)
could könnte/n (2)
country Land (6)
couple Paar (3)
courier Kurier, Eilbote (6)
courier delivery Kurierzustellung (6)
course Verlauf, Gang, Lehrgang (5)
court Gericht (3)
cream Sahne (7)
credit Kredit; gutschreiben (7)
credit card Kreditkarte (5)
cross überqueren, kreuzen (4)
crossroads Kreuzung (3)
cultural kulturell (1)
cup Tasse (1)
cup of coffee Tasse Kaffee (1)
customer Kunde (1)
customer billing Ausstellen von Kundenrechnungen (8)

D

dad Papa, Vati (4)
daily täglich (4)
dance Tanz; tanzen (9)
dark-skinned dunkelhäutig (1)
dash Gedankenstrich (10)
date Datum, Verabredung (2)
day Tag (1)
deal Geschäft, Handel (7)
deal with bearbeiten, sich befassen mit (7)
dear liebe/r/s (2)
debit Soll, Kontobelastung; belasten (7)
December Dezember (2)
degree akademischer Grad, Stufe (2)
delay Verspätung; verzögern (6)
delegate delegieren, übertragen; Abgeordnete/r (5)
delicious köstlich (7)
deliver liefern (6)
delivery Lieferung (6)
delivery company Lieferfirma (6)
depart abreisen, abfahren, abfliegen (10)
department Abteilung (3)
department handbook Abteilungshandbuch (8)
departmental Abteilungs- (9)
departure Abflug, Abfahrt, Abreise (5)

departure lounge Abflughalle, Warteraum (10)
departure time Abflugszeit, Abfahrtszeit (5)
design Entwurf, Design; entwerfen (7)
desk Schreibtisch (1)
dessert Nachtisch (7)
dessert menu Nachtischkarte (7)
destination Reiseziel, Bestimmungsort (5)
detail Einzelheit, Detail (8)
detailed ausführlich (8)
development Entwicklung (4)
dial (Telefonnummer) wählen (6)
dialling tone Amtszeichen (6)
dialogue Dialog (7)
diary Terminkalender (9)
difference Unterschied (1)
different unterschiedlich (1)
difficulty Schwierigkeit, Mühe (10)
digital digital (1)
dinner Mittag- oder Abendessen (3)
diploma Diplom, Urkunde (10)
diplomatic service diplomatischer Dienst (10)
direct direkt, unmittelbar (7)
direct debit Abbuchung auf der Grundlage einer Einzugsermächtigung (7)
director Direktor (1)
directors' report Geschäftsbericht (4)
disability Behinderung (10)
disabled behindert; Behinderte/r (1)
disco Disko (6)
discount Rabatt (1)
discuss diskutieren, besprechen (6)
discussion Diskussion, Gespräch (9)
disgusting widerlich, ekelhaft (7)
dishes Geschirr (7)
disk Diskette (5)
display Anzeige; anzeigen (5)
disturb stören (6)
division Abteilung, Teilung (4)
do tun (1)
doctor Arzt, Ärztin (3)
dog Hund (1)
door Tür (1)
doorway Türrahmen (2)
double zweifach, doppelt (1)
double decker bus Doppeldeckerbus (9)
double room Doppelzimmer (1)
down unten, nach unten (5)
draft Plan, Entwurf, Skizze (7)
draw ziehen (3)
drawing Zeichnung, Skizze (9)
drawing pin Reißzwecke (9)
dress anziehen; Kleid (1)
drink trinken; Getränk (2)
drive fahren (3)
driver Fahrer (9)
driving licence Führerschein (8)
drunk betrunken (9)
duty Pflicht, Steuer, Abgabe (5)
duty free zollfrei (5)
Duty Manager stellvertretender Manager (6)

E

each jede/r/s (4)
earlier früher, eher (10)
early früh (6)
easier leichter (8)
East Osten, Ost- (4)
Easter Ostern (10)
eat essen (5)
economic wirtschaftlich (10)
economy Wirtschaft (5)
economy class Economy Class, Touristenklasse (5)
efficient effizient, wirksam (3)
e.g. (*Abkürzung für* exempli gratia) z. B. (zum Beispiel) (9)
eight acht (1)
eighteen achtzehn (1)
eighteenth achtzehnte/r/s (2)
eighth achte/r/s (2)
either irgendein/e/r/s, beide, auch nicht (10)
elastic elastisch (9)

elastic band Gummiband (9)
electrical elektrisch (4)
electronic elektronisch (7)
electronic mail elektronische Post (10)
elevator Aufzug (6)
eleven elf (1)
eleventh elfte/r/s (2)
else andere/r/s, sonst, weiter, außerdem (8)
e-mail (*Kurzform für* electronic mail) E-Mail (4)
employ einstellen, anstellen (4)
employee Angestellte/r (4)
employer Arbeitgeber (4)
empty leer (2)
encl. (*Abkürzung für* enclosure) Anlage (9)
end Schluss, Ende; beenden (7)
energetic tatkräftig, energisch (3)
engaged besetzt (Telefon), beschäftigt (6)
engagement Vereinbarung, Verpflichtung, Verlobung (10)
England England (2)
English englisch (2)
enjoy genießen, sich erfreuen an (2)
enough genug (2)
ensuite facilities eigenes Bad (5)
entrance Eingang (3)
envelope Briefumschlag (8)
environment Umwelt, Umgebung (1)
environmental Umwelt-, Umgebungs- (2)
equipment Ausrüstung (5)
estimate schätzen (5)
ETA (*Abkürzung für* estimated time of arrival) voraussichtliche Ankunftszeit (5)
etc. (*Abkürzung für* et cetera) usw., etc. (1)
Europe Europa (4)
European europäisch; Europäer/-in (4)
evening Abend (3)
ever immer, jemals, überhaupt (9)
every jede/r/s (4)
everything alles (10)
everywhere überall (4)
exam (*Abkürzung für* examination) Prüfung, Examen (4)
examination Prüfung, Examen (4)
excellent hervorragend (5)
except außer (1)
excite aufregen, erregen, hervorrufen (9)
exciting aufregend, spannend (6)
exclamation Ausruf (10)
exclamation mark Ausrufezeichen (10)
excuse entschuldigen (3)
excuse me entschuldigen Sie, entschuldige (3)
exercise Übung; üben (4)
exhibition Ausstellung (5)
exhibition hall Ausstellungshalle (5)
exhibitor Aussteller (5)
expense account Spesenkonto (5)
expenses Ausgaben, Auslagen (5)
expensive teuer (6)
explain erklären (6)
export exportieren, ausführen; Export (3)
export department Exportabteilung (3)
express Eilbote, Eil-; ausdrücken (6)
express delivery Eilzustellung (6)
expression Ausdruck (3)
extra zusätzlich (5)
extremely äußerst, extrem, höchst (10)

F

facility Möglichkeit, Einrichtung (5)
fact Tatsache (5)
fair Messe (5)
faithfully getreu, ergeben (2)
fall (AE) Herbst; fallen (6)
falls Wasserfälle (4)
family Familie (1)
family name Familienname (1)
family room Mehrbettzimmer (1)
fantastic fantastisch (4)
far weit (4)
Far East ferner Osten, Fernost (4)
fast schnell (9)
fasten festschnallen, festbinden (5)

father Vater (6)
favorite (AE) Lieblings- (5)
favourite (BE) Lieblings- (5)
fax Fax; faxen (1)
fax machine Faxgerät (3)
February Februar (2)
feedback Reaktion, Resonanz, Feedback (1)
feel fühlen (7)
few wenige (1)
fifteen fünfzehn (1)
fifteenth fünfzehnte/r/s (2)
fifth fünfte/r/s (2)
file Akte, Datei; ordnen, einheften (1)
filing cabinet Aktenschrank (8)
film Film; filmen (5)
final letzte/r/s; schließlich, endgültig (9)
finance finanzieren; Finanzwesen (4)
financial finanziell, Finanz- (1)
financial adviser Finanzberater/-in (1)
financial director Finanzdirektor/-in (4)
financial report Finanzbericht (4)
find finden (1)
fine gut, prima (3)
finish beenden (4)
fire feuern, entlassen (9)
first erste/r/s (2)
first-class erstklassig, erste Klasse (3)
first class post schneller beförderte Post (3)
first floor erster Stock (UK), Erdgeschoss (US) (3)
first name Vorname (1)
fish Fisch, fischen (6)
fitness Gesundheit, Fitness (6)
fitness centre Fitness-Studio (6)
five fünf (1)
five-year fünf-Jahres- (8)
fix festsetzen (8)
fixed menu Menü zu einem festen Preis (7)
fixed price Festpreis (7)
flat Apartment, Wohnung (2)
flat fare Einheitspreis (9)
flexi-time Gleitzeit (8)
flight Flug (4)
flight attendant Flugbegleiter (5)
flight number Flugnummer (10)
flight timetable Flugplan (5)
flirtatious flirtend, kokettierend (6)
floor Stockwerk, Boden (3)
flower Blume (10)
fly fliegen; Fliege (7)
follow folgen, nachgehen (9)
follow up weiteres Verfolgen, Nachuntersuchung (7)
food Essen, Nahrungsmittel (9)
foot Fuß (5)
football Fußball (10)
football match Fußballspiel (10)
for für (1)
forecast Vorhersage (4)
forget vergessen (6)
fork Gabel (7)
form Formular, Form; formen (3)
form of address Anredeform (10)
forties Vierziger (3)
fortnight vierzehn Tage (4)
fortnightly vierzehntägig (4)
forty vierzig (8)
forty-eight-hour 48-Stunden, 48-stündig (6)
forty-two zweiundvierzig (4)
forward weiterbefördern; vorwärts (2)
found gründen (4)
four vier (1)
four-day viertägig (6)
fourteen vierzehn (1)
fourteenth vierzehnte/r/s (2)
fourth vierte/r/s (2)
foyer Eingangshalle, Foyer (1)
France Frankreich (9)
free kostenlos, frei (3)
free time freie Zeit (4)
freephone gebührenfreie Telefonnummer (5)
French französisch (3)
Friday Freitag (3)

Fridays freitags (5)
friend Freund/-in (2)
friendly freundlich (3)
friendly-looking freundlich aussehend (6)
from von (1)
front Vorderseite (3)
front door Eingangstür (3)
fruit Früchte, Frucht (7)
fruit salad Fruchtsalat (7)
full voll (5)
full board Vollpension (5)
full-time Vollzeit- (4)
future Zukunft (4)

G

garden Garten (1)
gas Benzin, Gas (6)
gate Flugsteig, Ausgang *(am Flughafen)*, Tor (5)
general allgemein (1)
Geneva Genf (2)
gentleman Herr (10)
gentlemen Herren, (Anrede) meine Herren (10)
geography Geographie (2)
German deutsch; Deutsche/r (2)
Germany Deutschland (2)
get bekommen, werden (3)
girlfriend Freundin (1)
give geben (5)
glass Glas (1)
glasses Brille (1)
go gehen, reisen (1)
go back zurückgehen (9)
go on weitermachen (1)
going to werden, vorhaben (1)
goldfish Goldfisch (1)
good gut (1)
goodbye auf Wiedersehen (3)
great groß, großartig (4)
green grün (1)
grey grau (8)
ground Boden (3)
ground floor Erdgeschoss, Parterre (3)
ground staff Bodenpersonal (5)
group Gruppe, Gruppen-; gruppieren (1)
guarantee garantieren; Garantie (6)
guest Gast (5)
guest house Gasthaus (5)
guide Führer/-in (8)

H

haggis Fleischpudding *(schottische Spezialität)* (10)
hairdryer Föhn (6)
half halb, Hälfte; halbieren (1)
half board Halbpension (5)
hall Saal, Halle (5)
hamburger Hamburger (10)
hand luggage Handgepäck (5)
handbook Handbuch (8)
hanger Kleiderbügel, Haken (6)
happy glücklich (1)
hard hart, schwer (9)
hat Hut, Mütze (2)
have haben (1)
he er (1)
head Kopf, Haupt- (1)
head office Hauptgeschäftsstelle (1)
headed paper Papier mit Briefkopf (9)
health Gesundheit (8)
hear hören (6)
heavy schwer (5)
hello Hallo (1)
help helfen; Hilfe (1)
helpline Servicetelefon, Servicenummer (6)
her ihr/e, sie (1)
here hier (1)
hers der/die/das ihre (2)
hey! he!, hey! (10)
hi Hallo (5)
hierarchical hierarchisch (4)
high hoch (4)
highland Hochland, Bergland (10)
highlight Höhepunkt; betonen, hervorheben (10)

him ihn, ihm (5)
hire einstellen, mieten (9)
his sein/e (1)
hold halten (3)
hold the line am Apparat bleiben (6)
hole Loch (9)
hole punch Locher (9)
holiday Urlaub (1)
home zu Hause, Haus- (3)
home number Telefonnummer zu Hause (5)
home-made hausgemachte/r/s (7)
homework Hausaufgaben (4)
hope hoffen; Hoffnung (3)
horrific fürchterlich (10)
hot heiß (5)
hotel Hotel (1)
hour Stunde (4)
hourly stündlich (4)
house Haus (1)
how wie (1)
how about ...? wie wäre es mit ...? (2)
however wie auch immer, allerdings (10)
human menschlich; Mensch (4)
human resources Personal, Arbeitskräfte (4)
hundreds Hunderte (5)
hungry hungrig (9)
husband Ehemann (2)
hyphen Bindestrich (10)

I

I ich (1)
ice Eis (7)
ice cream Eiskrem (7)
ID Ausweis (8)
ID number Personalnummer (8)
idea Idee (2)
ideal wünschenswert, ideal (6)
identity Identität (8)
i.e. (*Abkürzung für* id est) d.h.(das heißt) (9)
if falls (1)
image Bild, Vorstellungsbild (10)
immediate sofort (6)
immediate delivery sofortige Lieferung (6)
important wichtig (10)
in in, an, auf; innen (1)
in fact tatsächlich, eigentlich (9)
in order to um ... zu (1)
incl. (*Abkürzung für* including) einschließlich, inbegriffen (7)
include einschließen (5)
inclusive einschließlich, inbegriffen (5)
India Indien (9)
individual einzeln, Einzel-, persönlich (8)
industry Industrie (10)
info (*Kurzform von* information) Info, Information (4)
inform informieren (6)
informal informell, ungezwungen (6)
information Information/-en (1)
information desk Informationsschalter (5)
initiative Anregung, erster Anstoß (8)
inquiry Anfrage, Erkundigung (7)
inspect prüfen, inspizieren (8)
install einbauen, einrichten (6)
instruction Anleitung (7)
instruction booklet Anleitungsbüchlein (8)
insurance Versicherung (1)
insurance company Versicherungsgesellschaft (1)
intelligent intelligent (6)
intercontinental interkontinental (5)
interest interessieren (2)
interested in interessiert an (2)
interesting interessant (1)
international international (5)
international operator internationale Vermittlung (6)
interpret übersetzen, dolmetschen, auslegen (5)
interpreter Dolmetscher/-in (5)
interrupt unterbrechen (6)
interview Vorstellungsgespräch, Befragung; befragen (3)
into in ... hinein (8)
introduce vorstellen (6)

investment Investition, Anlage (10)
invitation Einladung (7)
invite einladen (10)
invoice Rechnung (7)
Ireland Irland (2)
irregular verb unregelmäßiges Verb (7)
is ist (1)
it es (1)
Italian italienisch, Italiener/-in (3)
itinerary Reiseroute, Reiseplan (5)
its sein, ihr (1)

J

January Januar (2)
Japan Japan (2)
Japanese japanisch; Japaner/-in (2)
job Job, Arbeit, Beruf (4)
joint gemeinsam, verbunden; Verbindung (10)
journalist Journalist (1)
juice Saft (5)
juice bar Saftbar (5)
July Juli (2)
junction Wegkreuzung (3)
June Juni (2)
just gerade, gerecht (1)

K

keep behalten, halten, erhalten (3)
keep somebody waiting jemanden warten lassen (3)
kilometer (AE) Kilometer (6)
kilometre (BE) Kilometer (6)
knife Messer (7)
knock klopfen (1)
know wissen (2)

L

lab (*Kurzform von* laboratory) Labor (7)
laboratory Labor (7)
lady Dame (6)
lamb Lamm (7)
lamp Lampe (6)
land Land (5)
language Sprache (5)
large groß (1)
last letzte/r/s; dauern (4)
late spät, zu spät (4)
late payment verspätete Zahlung (8)
leaflet Broschüre, Prospekt, Flugblatt (7)
learn lernen (7)
learner Lernende/r (9)
leave verlassen, abfahren (3)
lecture Vortrag (5)
left links (3)
legal rechtskräftig, gesetzlich (10)
leisure Freizeit, freie Zeit, Muße (9)
leisure time Freizeit, freie Zeit, Muße (9)
lend leihen, verleihen (9)
letter Brief, Buchstabe (2)
lift Aufzug; heben (1)
light leicht; Licht (5)
lighting Beleuchtung (5)
like mögen; wie (1)
limit Beschränkung, Grenze; begrenzen (4)
limited beschränkt, begrenzt (4)
limited company Gesellschaft mit beschränkter Haftung (4)
line Branche, Geschäftsbereich (4)
link Verbindung; verbinden (6)
list Liste; auflisten (3)
listen zuhören (6)
listen to anhören (1)
live leben (2)
lobby Interessenverband, Foyer (6)
lobster Hummer (6)
local örtlich (5)
local time Ortszeit (5)
location Lage, Standort, Platz (10)
logo Sinnbild, Logo (1)
long lang (1)
look sehen, ansehen (2)
look at ansehen (1)
look back zurückblicken (3)
look for suchen nach (1)

look forward to sich freuen auf (2)
look up nachschlagen (8)
lose verlieren (8)
lot Menge, Gruppe, Haufen (2)
lounge Foyer (5)
love Liebe (6)
lovely entzückend, herrlich (1)
luckily glücklicherweise (7)
lunch Mittagessen (2)
lunch-break Mittagspause (9)
lunch-hour Mittagszeit (9)

M

macaroni Makkaroni (7)
machine Maschine (2)
Madam gnädige Frau *(Anrede)* (2)
magazine Zeitschrift (4)
mail abschicken; Post (7)
main Haupt-, wichtigste/r/s (3)
main entrance Haupteingang (3)
major Haupt-, größte/r/s (5)
make machen, herstellen (5)
make ... into ... ... umformen in ... (1)
make a profit einen Gewinn machen (10)
make a suggestion einen Vorschlag machen (1)
male männlich (5)
man Mann (3)
manage führen, managen (3)
manager Manager/-in, Leiter/-in (1)
managing director Geschäftsführer/-in (1)
manual manuell, Hand- (8)
many viele (4)
map Karte, Stadtplan (4)
March März (2)
mark kennzeichnen, bewerten; Markierung (10)
market Markt; vertreiben (4)
market analysis Marktanalyse (4)
marketing Vertrieb, Marketing (1)
marketing company Vertriebsgesellschaft, Marketingfirma (1)
marketing manager Vertriebsleiter/-in, Marketingmanager/-in (1)
marketing plan Vertriebsplan (4)
married verheiratet (6)
marvellous wunderbar, fabelhaft (10)
match passen; Gegenstück, Streichholz (10)
materials Materialien (7)
matter Angelegenheit; von Bedeutung sein (6)
maximum Maximum, Höchstmaß; höchst, größtmögliche/r/s (1)
May Mai (2)
may mögen, können, dürfen (10)
maybe vielleicht (9)
MD (*Abkürzung für* Managing Director) Geschäftsführer/-in (4)
me mich, mir, ich (2)
meal Mahlzeit (5)
mean bedeuten, beabsichtigen; Durchschnitts- (5)
meat Fleisch (7)
medical medizinisch, ärztlich (5)
meet treffen (1)
meeting Treffen, Besprechung (1)
meeting point Treffpunkt (10)
member Mitglied (10)
member of the public Bürger/-in (4)
membership Mitgliedschaft (10)
memo Mitteilung, Memo (1)
menu Speisekarte (7)
mess Unordnung (5)
message Nachricht, Mitteilung (1)
meter (AE) Meter (5)
metre (BE) Meter (5)
Mexican mexikanisch; Mexikaner/-in (2)
Mexico Mexiko (2)
mid Mittel- (1)
middle Mitte; mittel-, Mittel- (4)
Middle East Naher Osten (4)
milk Milch (4)
mineral water Mineralwasser (7)
minibar Minibar (6)
minimum Minimum; Mindest- (2)

minute Minute (1)
Miss Fräulein, Miss (10)
miss vermissen, verfehlen; Verfehlen, Verpassen (10)
mistake Fehler (6)
mix vermischen; Gemisch (1)
mixed gemischt (3)
mobile beweglich, mobil (1)
mobile number Mobiltelefonnummer (5)
mobile phone Mobiltelefon, Handy (1)
modern modern (1)
moment Augenblick, Moment (1)
Monday Montag (3)
Mondays montags (5)
money Geld (4)
month Monat (4)
monthly monatlich (4)
monthly report Monatsbericht (4)
more mehr (1)
morning Morgen (3)
most fast alle, die meisten, am meisten (7)
motel Motel (5)
mother Mutter (4)
mountain Berg (5)
move bewegen, umziehen (6)
move on weiterziehen (2)
movie Film (6)
movie theater Kino (6)
Mr Herr (1)
Mrs Frau (1)
much viel (1)
multi-national multinational (3)
multi-storey vielgeschossig (3)
multi-storey car park Parkhochhaus (3)
Munich München (7)
music Musik (3)
must müssen (3)
my mein/e/r/s (1)

N

name Name; nennen (1)
napkin Serviette (7)
national national, staatlich, Staats- (10)
native speaker Muttersprachler/-in (5)
NB (*Abkürzung für:* nota bene) Merke (7)
near nahe bei, in der Nähe von (1)
nearly fast, beinahe (10)
need brauchen, benötigen (5)
negative negativ; Negativ (7)
neither keine/r/s (von beiden), auch nicht (10)
nervous nervös (9)
never nie, niemals (4)
new neu (1)
newly-opened neu eröffnete/r/s (10)
news Nachrichten, Neuigkeiten (1)
newspaper Zeitung (2)
next nächste/r/s (1)
next day delivery Lieferung am nächsten Tag (6)
next to neben (5)
Niagara Falls Niagarafälle (4)
nice nett, hübsch (1)
night Nacht (4)
Nile Nil (7)
nine neun (1)
nineteen neunzehn (1)
nineteenth neunzehnte/r/s (2)
ninth neunte/r/s (2)
no nein, kein (1)
non-smoking Nichtraucher- (5)
non-smoking flight Nichtraucherflug (5)
noon Mittag (5)
normal normal (1)
North America Nordamerika (4)
north nördlich, Norden, Nord- (3)
not nicht (2)
not at all keineswegs, ganz und gar nicht (3)
note bemerken, beachten; Mitteilung (3)
notice Kündigung; bemerken (1)
November November (2)
now jetzt (2)
nuisance Ärgernis, Plage (6)
number Zahl, Nummer (1)
nut Nuss (7)

O

obviously offensichtlich (6)
o'clock Uhr *(Angabe der Uhrzeit)* (1)
October Oktober (2)
of *(Genitiv)* von (1)
off entfernt, weg, weg von, frei (2)
offer Angebot; anbieten (3)
office Büro (1)
often oft (4)
okay in Ordnung, O.K. (1)
old alt (1)
on auf, an, in (1)
on behalf of im Auftrag von (10)
on business geschäftlich (5)
on foot zu Fuß (5)
on the phone am Telefon (3)
on time rechtzeitig (4)
once einst, einmal (4)
one ein/e/r/s (1)
one-hour einstündige/r/s (8)
only nur (1)
open offen, öffnen (4)
open air unter freiem Himmel (9)
open up eröffnen (3)
opening Eröffnung (5)
opening day Eröffnungstag (7)
opening hours Öffnungszeiten (2)
opening session Eröffnungssitzung (9)
operator Vermittlung (6)
opportunity Möglichkeit (5)
opposite gegenüber, gegensätzlich gegenüberliegend (8)
or oder (1)
orange orange; Apfelsine (8)
order bestellen; Bestellung (3)
order form Bestellformular (7)
ordinal numbers Ordinalzahlen (2)
organisation (BE) Organisation (2)
organisation chart (BE) Organisationsplan, Diagramm der Unternehmensstruktur (4)
organize (AE) organisieren (10)
organizer (AE) Organisator (5)
other andere/r/s (5)
our unser/e/r/s (1)
out hinaus, heraus, aus (7)
outside außerhalb, draußen (3)
over über, mehr als, vorrüber (2)
over there dort drüben (5)
overdrawn überzogen (Konto) (6)
overseas Übersee, Übersee- (4)
overseas branch Niederlassung in Übersee (4)
overtime Überstunden (8)

P

PA *(Abkürzung für* personal assistant) persönliche/r Assistent/-in (8)
pack packen (4)
pants Hosen (6)
paper Papier, Zeitung (9)
paper clip Büroklammer (9)
pardon entschuldigen; Entschuldigung (10)
parents Eltern (4)
park Park, parken (3)
parking Parken (3)
parking lot Parkplatz (6)
parking space Parkplatz (3)
part Teil; auseinander gehen (3)
part-time Teilzeit- (4)
party Party (3)
pass vorbeigehen, passieren (4)
passenger Fahrgast, Passagier (5)
passport Reisepass (4)
passport control Passkontrolle (5)
password Passwort (8)
past Vergangenheit (1)
past participle Partizip Perfekt (8)
past simple einfache Vergangenheit (9)
Patio Terasse, Lichthof (6)
pay zahlen, bezahlen (4)
payment Zahlung (8)
pen Stift, Schreibfeder (9)
pencil Bleistift (9)
pencil sharpener Bleistiftspitzer (9)
people Leute (1)
pepper Pfeffer (7)

per pro, per, durch (5)
perhaps vielleicht (6)
period Zeitraum, Periode (10)
permanent beständig, dauerhaft, bleibend (4)
person Person (4)
personal persönlich (1)
personal account Privatkonto (5)
personal assistant persönliche/r Assistent/-in (1)
personal pronoun persönliches Fürwort (3)
personnel Personal, Belegschaft (3)
personnel department Personalabteilung (3)
petrol Benzin (6)
phone Telefon; telefonieren (1)
phone book Telefonbuch (6)
phone box Telefonzelle (7)
photo Foto (7)
photocopier Fotokopierer (8)
photocopy Fotokopie; fotokopieren (5)
photograph Foto; fotografieren (7)
photographer Fotograf/-in (7)
photography Fotografie (7)
pick auswählen (5)
pick up aufheben, mitnehmen, erlernen, aufschnappen (3)
pie (gedeckter) Kuchen (4)
pillow Kopfkissen (5)
pilot Pilot (5)
PIN (*Abkürzung für* Personal Identification Number) persönliche Kennnummer (8)
pin festmachen; Stecknadel (8)
pink rosa (8)
pint Pint (= 0,57 Liter) (2)
pity bedauern; Bedauern, Mitleid (9)
pizza Pizza (1)
place Ort; platzieren (2)
plan Plan; planen (1)
plane Flugzeug (5)
plant Pflanze; pflanzen (1)
plc (*Abkürzung für* public limited company) AG (Aktiengesellschaft) (4)
please bitte; gefallen (1)
pleased zufrieden, froh (1)
pleasure Vergnügen, Freude, Genuss (10)
plenary vollständig, Voll-, Plenar- (9)
plenary session Plenarsitzung (9)
plural Plural (3)
p.m. (*Abkürzung* für post meridiem) nachmittags (3)
point Absicht, Stelle, Spitze; zeigen (8)
point of view Standpunkt, Meinung (8)
polite höflich (6)
political politisch (10)
popular beliebt (1)
pork Schweinefleisch (7)
Portuguese portugiesisch; Portugiese/Portugiesin (2)
posh piekfein (6)
position Stellung, Lage, hinstellen (4)
positive positiv (1)
possible möglich (2)
post Post, einwerfen, mit der Post schicken (3)
post office Postamt, Post (5)
postscript Nachschrift, Nachtrag (7)
potato Kartoffel (7)
pp (*Abkürzung für* per procurationem) i. A. (im Auftrag) (9)
PR (*Abkürzung für* public relations) Öffentlichkeitsarbeit (4)
practice Praxis, übliches Verfahren (8)
prawn Garnele (7)
prawn cocktail Garnelencocktail (7)
prefer vorziehen (6)
present vorstellen (4)
present continuous Verlaufsform der Gegenwart (7)
present perfect simple einfache vollendete Gegenwart (9)
present simple einfache Gegenwart (1)
present simple passive Passivform der einfachen Vergangenheit (8)
presentation Vorstellung, Präsentation (9)
president Präsident (4)

press Presse; drücken (6)
press statement Presseerklärung (7)
price Preis (3)
price list Preisliste (3)
print drucken; Druck (7)
private privat (5)
prize Preis, Auszeichnung (7)
probably wahrscheinlich (10)
problem Problem (3)
profile Kurzbeschreibung, Profil (4)
profit profitieren; Profit (10)
program (AE) Programm; programmieren (5)
programme (BE) Programm; programmieren (5)
project Projekt, Vorhaben (2)
promotion Beförderung, Förderung, Werbung (10)
proper noun Eigenname (9)
protect beschützen (1)
PS (*Abkürzung für* postscript) P.S. (6)
PTO (*Abkürzung für* please turn over) b.w. (bitte wenden) (9)
pub Kneipe (2)
public öffentlich; Öffentlichkeit (1)
public limited company (plc) Aktiengesellschaft (AG) (4)
public relations Öffentlichkeitsarbeit (1)
publicity Werbung (7)
punch lochen; Locher (8)
punctuation mark Satzzeichen (10)
purple purpurrot (8)
put setzen, stellen, legen (3)
put (you) through (Sie/dich) verbinden (3)

Q

quarter Viertel (1)
quarterly vierteljährlich (4)
question Frage (1)
question mark Fragezeichen (10)
question tag Frageanhängsel (5)
questionnaire Fragebogen (8)
quick schnell (3)
quite ziemlich (3)
quotation Zitat, (Preis-)Notierung (10)
quotation marks Anführungsstriche (10)
quote zitieren, nennen; Zitat (7)

R

race Rennen, Rasse (1)
rack Gestell, Gerüst, Regal (1)
radio Radio (1)
rain regnen; Regen (7)
range Auswahl, Palette, Sortiment (10)
Re (*Abkürzung für* referring to *bzw.* reference) Betr. (betreffs, bezüglich) (7)
react to reagieren auf (1)
read lesen (3)
read aloud laut lesen (3)
reading Vortrag (6)
reading lamp Leselampe (6)
ready fertig (5)
really wirklich (1)
receipt Quittung (7)
receive empfangen, erhalten (6)
receiver Empfänger/-in (6)
recent vor kurzem, unlängst (7)
reception Rezeption, Empfang (1)
receptionist Empfangsherr/-dame (1)
recommend empfehlen (7)
record aufzeichnen, schriftlich niederlegen; Bericht (6)
recorded delivery Einschreiben (6)
recycled recycelt (9)
red rot (8)
refer to sich beziehen auf (2)
regard betrachten, betreffen; Hinsicht (7)
regards Grüße, Empfehlungen (5)
regular verb regelmäßiges Verb (6)
regulation Regelung, Vorschrift; vorschriftsmäßig (8)
relation Verhältnis, Relation (1)
remember sich erinnern (5)
remind of erinnern an (1)
rent mieten; Miete (9)
report Bericht; berichten (4)

represent vertreten, repräsentieren (10)
representative Vertreter/-in, Repräsentant/-in (8)
request Bitte, Antrag; bitten, ersuchen (7)
research Forschung (4)
research and development Forschung und Entwicklung (4)
reservation Reservierung (5)
reserve reservieren (5)
resources Rohstoffe, Ressourcen, Hilfsmittel (4)
restaurant Restaurant (3)
result Ergebnis; folgen, resultieren (10)
retirement Pensionierung, Rücktritt (9)
return zurückkehren; Rückkehr (5)
return flight Rückflug (9)
reveal aufdecken, enthüllen (8)
review überprüfen; Rezension (9)
right rechts; Recht (3)
ring klingeln (5)
river Fluss (7)
road Straße (3)
road sign Verkehrszeichen (3)
roast braten, rösten; Braten (7)
roast pork Schweinebraten (7)
Rome Rom (4)
room Zimmer, Raum (1)
room rate Zimmerpreis (5)
round-up zu einem Abschluss bringen (9)
round-up session abschließende Sitzung (9)
RSVP (*Abkürzung für* répondez s'il vous plaît) u.A.w.g. (um Antwort wird gebeten) (9)
rubber Radiergummi (9)
ruler Lineal (9)
rush hour Hauptverkehrszeit (10)

S

sad traurig (9)
safari Safari (1)
safari holidays Safariurlaub (1)
safe sicher; Safe (8)
salad Salat (7)
sales Absatz, Umsatz, Verkäufe (4)
sales director Verkaufsdirektor/-in (4)
sales figures Verkaufszahlen (4)
sales forecast Absatzprognose (4)
salmon Lachs (7)
salt Salz (7)
same gleich/e/r/s (2)
sample Probe, Muster (7)
sandwich Sandwich (1)
sandwich bar Sandwich Bar (9)
satisfied zufrieden (1)
Saturday Samstag (3)
saver Retter, Schoner (2)
say sagen (5)
scene Schauplatz, Szene (5)
schedule Plan, Zeitplan (5)
school Schule (10)
scissors Schere (9)
Scotland Schottland (5)
Scottish schottisch (3)
screen Bildschirm, Monitor; überprüfen (1)
sea Meer (4)
seat Sitz, Platz (1)
seat belt Sicherheitsgurt (5)
second zweite (2)
secondhand aus zweiter Hand (9)
secretary Sekretär/-in (1)
section Abteilung (4)
security Sicherheit (1)
security check Sicherheitscheck (5)
see sehen (4)
seem scheinen (6)
self-seal selbstklebend (9)
sell verkaufen (8)
seller Verkäufer/-in (10)
sellotape Tesa-Film (9)
seminar Seminar (5)
seminar room Seminarraum (6)
send schicken, senden (2)
send out hinausschicken, veröffentlichen (7)

senior ältere/r/s, dienstältere/r/s, Vorgesetzte/r (1)
senior citizen Rentner/-in (1)
September September (2)
servant Diener/-in (1)
service Dienst, Service (4)
serviette Serviette (7)
session Sitzung (9)
set bestimmen, festsetzen, einrichten (3)
set expression feststehender Ausdruck (7)
set lunch/dinner Menü zu festen Preisen (7)
seven sieben (1)
seventeen siebzehn (1)
seventeenth siebzehnte/r/s (2)
seventh siebte/r/s (2)
sharpener Spitzer (9)
she sie *(3. Person Singular)* (1)
shift (Arbeits-)Schicht, Wechsel; verschieben (8)
shop Laden, Geschäft; einkaufen (3)
short kurz/e/r/s (4)
should sollte/n (4)
show zeigen; Show (4)
shower Dusche (5)
shuttle Pendel-, Pendelfahrzeug (5)
side Seite (3)
side entrance Seiteneingang (3)
sightseeing Besichtigung, Besuch von Sehenswürdigkeiten (9)
sightseeing tour Besichtigungsrundfahrt (9)
sign unterschreiben (3)
sincerely ehrlich, aufrichtig (6)
sing singen (9)
singer Sänger/-in (7)
single allein; Alleinlebende/r, Single (1)
single room Einzelzimmer (1)
singular Einzahl, Singular (3)
Sir Herr *(Anrede)* (2)
sit sitzen (1)
six sechs (1)
sixteen sechzehn (1)
sixteenth sechzehnte/r/s (2)
sixth sechste/r/s (2)
size Größe (7)
ski Ski fahren, Ski (3)
skilled gelernte/r, gewandt (4)
slot einschieben; Schlitzeinwurf (8)
slow langsam (9)
small klein/e/r/s (1)
small talk Smalltalk (6)
smart geschickt, elegant (1)
smell riechen; Geruch (7)
smoke rauchen; Rauch (3)
snack Imbiss, Snack (5)
snack bar Imbissstube (5)
snow schneien; Schnee (4)
so so, auf diese Art (1)
society Gesellschaft (1)
sofa Sofa (6)
soft drink nichtalkoholisches, kaltes Getränk (2)
software Software (6)
sole einzige/r/s, Allein- (7)
some einige, welche (1)
someone irgendwer (10)
something etwas (6)
sometimes manchmal (4)
somewhere irgendwo (10)
son Sohn (1)
soon bald (3)
sorry tut mir Leid (1)
sort sortieren, Art (2)
sort out klären, in Ordnung bringen (6)
sound klingen (4)
soup Suppe (7)
south Süden, südlich, Süd- (2)
South America Südamerika (4)
space Raum (4)
Spain Spanien (2)
Spanish spanisch (2)
spare überzählig, übrig; entbehren; Ersatz- (9)
spare time Freizeit, Zeit zur freien Verfügung (9)

speak sprechen (2)
speaking am Apparat (beim Telefonieren) (3)
special besondere/r/s, spezielle/r/s (1)
specialist Spezialist/-in (10)
speciality Spezialität (6)
spend ausgeben, verbringen (9)
split aufteilen; Spaltung, Trennung (8)
split shift gestaffelte Schicht (8)
spokesman Wortführer (10)
spokesperson Wortführer/-in (10)
sponsor Sponsor/-in (5)
spoon Löffel (7)
staff Angestellte, Mitarbeiter (4)
staff manual Mitarbeiterhandbuch (8)
stand stehen; Stand (1)
standard Norm-, Standard (8)
stapler Hefter (9)
star Stern, Star (9)
start anfangen, beginnen (4)
starter Vorspeise (7)
state Staat (8)
statement Aussage (4)
station Station, Bahnhof (3)
stationery Schreibwaren (9)
stay bleiben (6)
still noch, immer noch (2)
stock exchange Börse (4)
stop anhalten, stoppen (10)
store Geschäft, Laden; lagern (6)
straight gerade (3)
street Straße (3)
strike schlagen; Schlag, Streik (6)
structure Struktur; strukturieren (4)
study studieren (6)
subway U-Bahn (6)
success Erfolg (10)
successful erfolgreich (10)
sugar Zucker (1)
suggestion Vorschlag (7)
suit Anzug; passen (1)
suitable passend (6)
suite Suite (6)
summary Zusammenfassung (3)
summer Sommer (2)
Sunday Sonntag (1)
Sundays sonntags (4)
sunny sonnig (5)
supper Nachtmahl, (spätes) Abendessen (7)
supplement Beilage, Zusatz-; ergänzen (1)
supply liefern, Bestand, Vorrat (9)
supreme höchste/r/s, größte/r/s, äußerste/r/s (7)
sure sicher (1)
surprise überraschen; Überraschung (2)
Sweden Schweden (2)
Swedish schwedisch; Schwede/Schwedin (2)
switch wechseln, Schalter (5)
switch off ausschalten, abschalten (5)
switchboard Schalttafel, Vermittlung (1)
sympathetic wohlwollend, mitfühlend (6)
system System (7)

T

TA (*Abkürzung für* technical assistant) technische/r Assistent/-in (9)
table Tisch (2)
take nehmen (1)
take a year off ein Jahr freinehmen (2)
take-off Abflug; abheben, abfliegen (5)
take on anstellen, einstellen, aufnehmen (2)
take part in teilnehmen an (1)
take place stattfinden (1)
talk sprechen (2)
tall hoch, groß (5)
tart (nicht gedeckter Obst-)Kuchen (7)
taste schmecken; Geschmack (7)
taxi Taxi (5)
tea Tee (1)
teacher Lehrer/-in (3)
team Gruppe, Team, Mannschaft (10)
tear zerreißen; Riss (6)
teddy Teddy (1)
telephone Telefon; telefonieren (1)

telephone answering machine Anrufbeantworter (2)
television Fernsehen (1)
tell erzählen (3)
tell the time die Uhrzeit angeben (1)
temporary vorübergehend, vorläufig (4)
ten zehn (1)
tend to zu … neigen (1)
tenth zehnte/r/s (2)
terminal Abfertigungshalle, Terminal (5)
terrible schrecklich, furchtbar (10)
text Text (3)
than als (2)
thank danken (1)
thanks Danke (1)
that jene/r/s (1)
the der, die, das (1)
theater (AE) Theater (6)
theatre (BE) Theater (6)
their ihr, ihre (1)
them sie, ihnen (1)
then dann (2)
there dort, da (1)
there is/are es gibt (3)
these diese/r/s (10)
they sie *(3. Person Plural)* (1)
thing Ding, Sache (2)
think denken (5)
third dritte/r/s (2)
thirsty durstig (9)
thirteen dreizehn (1)
thirteenth dreizehnte/r/s (2)
thirty-first einunddreißigste/r/s (2)
this diese/r/s (1)
those jene (9)
thought Gedanke; dachte/n (7)
three drei (1)
three-week dreiwöchig (6)
through durch, während (3)
Thursday Donnerstag (3)
tick ankreuzen (4)
ticket Fahrkarte, Flugkarte (5)
time Zeit (1)
time difference Zeitunterschied (5)
times mal (3)
tired müde (4)
to um … zu, zu, nach, an (1)
today heute (1)
toilet Toilette (6)
Tokyo Tokio (2)
tomorrow morgen (7)
tone Ton, Farbgebung (6)
too auch (1)
top Höchst-, Haupt-, obere/r/s; Oberteil (3)
top floor oberstes Stockwerk (3)
total gesamt (4)
touch berühren; Berührung (10)
tour Rundreise, Ausflug; bereisen (9)
tourism Tourismus (6)
tourist Tourist/-in (5)
towel Handtuch (6)
town Stadt (8)
town guide Stadtführer/-in (8)
trade Handel (5)
trade fair Handelsmesse (5)
trades union Gewerkschaft (4)
traffic Verkehr (3)
traffic lights Ampel (3)
train üben, trainieren, Zug (3)
train service Zugverbindung (4)
trainee Auszubildende/r (3)
trainer Ausbilder/-in, Trainer/-in (4)
training Ausbildung, Training; trainieren (4)
transfer Überweisung; übertragen, übermitteln (7)
translation Übersetzung (5)
transport Transport; transportieren (5)
travel reisen; Reise (1)
travel company Reiseunternehmen (1)
travel insurance Reiseversicherung (8)
travel journalist Reisereporter/-in (1)
traveller Reisende/r (5)
traveller's cheques Reiseschecks (5)
trip Reise (2)
trouser press Hosenstrecker (6)
trousers Hosen (6)

trout Forelle (7)
try versuchen; Versuch (3)
tube U-Bahn in London, Röhre (10)
Tuesday Dienstag (3)
turbulence Turbulenz (5)
turn wenden; Drehung (3)
turn into sich wandeln in, werden zu (5)
turquoise türkis (8)
TV (*Abkürzung für* television) Fernsehen, TV (6)
twelve zwölf (1)
twentieth zwanzigste/r/s (2)
twenty zwanzig (1)
twenty-second zweiundzwanzigste/r/s (2)
twenty-seven siebenundzwanzig (4)
twenty-three dreiundzwanzig (2)
twice zweimal, doppelt (4)
twin Zwilling, Zwillings- (1)
twin room Doppelzimmer mit 2 Betten (1)
two zwei (1)
two-week zweiwöchig/e/r/s (1)
type tippen, Typ (2)
typist Maschinenschreiber/-in, Typist/-in (9)

U

UK (*Abkürzung für* United Kingdom) Vereinigtes Königreich (1)
under unter (8)
underground U-Bahn (6)
underlined unterstrichen (3)
understand verstehen (3)
unemployed arbeitslos (4)
unfortunately leider (6)
united vereint/e/r/s, vereinigt/e/r/s (4)
United Kingdom Vereinigtes Königreich (4)
university Universität (2)
unlimited unbegrenzt (2)
unskilled ungelernt (4)
until bis (6)
untrained nicht ausgebildet (4)
up hoch, oben, auf, hinauf (1)
urgent dringend, eilig (7)
US (*Abkürzung für* United States) Vereinigte Staaten, USA (7)
us wir, uns (6)
USA (*Abkürzung für* United States of America) Vereinigte Staaten von Amerika, USA (2)
use benutzen, gebrauchen; Gebrauch, Nutzen (3)
useful nützlich (3)
usually normalerweise (4)

V

valuable wertvoll (6)
vegetable Gemüse (7)
vegetarian Vegetarier/-in; vegetarisch (7)
venture Unternehmen, Spekulation; wagen (10)
verb tense Zeitform des Verbs (9)
very sehr (1)
video Video (1)
Vietnamese vietnamesisch; Vietnamese/Vietnamesin (2)
view Blick, Aussicht (5)
visible sichtbar (1)
visit besuchen (8)
visitor Besucher/-in (1)
volunteer Freiwillige/r; sich freiwillig melden (2)

W

wait warten, bedienen (6)
waitress Kellnerin (7)
walk laufen, gehen (3)
walker Spaziergänger/-in (9)
wall Wand (1)
want wollen (3)
waste verschwenden; Verlust, Müll (8)
watch beobachten, bewachen, im Auge behalten (10)
water Wasser (1)
way Weg (1)
we wir (1)

wear tragen (1)
weather Wetter (5)
Wednesday Mittwoch (3)
week Woche (3)
weekend Wochenende (4)
weekly wöchentlich (4)
welcome willkommen heißen; willkommen (1)
well nun, gut (2)
well done gut gemacht (10)
well-paid gut bezahlt (10)
what was (2)
when wann, als (3)
where wo (1)
which welche/r/s (1)
while während (3)
white weiß (4)
who wer (1)
whole ganz, gesamt (4)
why warum (2)
will werden, wollen (6)
window Fenster (1)
window envelope Briefumschlag mit Fenster (9)
window seat Fensterplatz (5)
wine Wein (7)
wine list Weinkarte (7)
winner Gewinner/-in (10)
wish wünschen; Wunsch (5)
with mit (1)
with regard to in Bezug auf, hinsichtlich (7)
within innerhalb (5)
without ohne (5)
wonder sich wundern, sich fragen (10)
wonderful wunderbar (4)
word Wort (3)
word order Wortstellung (4)
work arbeiten, funktionieren (1)
work number Telefonnummer am Arbeitsplatz (5)
worker Arbeiter/-in (9)
working week Arbeitswoche (8)
workshop Workshop (9)
world Welt (2)
worldwide weltweit (10)
worry sich sorgen (9)
worse schlimmer, schlechter (5)
worst schlimmste/r/s, schlechteste/r/s (7)
would würde(n) (1)
write schreiben (4)
write down niederschreiben (1)
writing Schrift (6)
wrong falsch (6)

X

xerox fotokopieren (9)

Y

yeah ja, jawohl (6)
year Jahr (1)
yellow gelb (8)
yes ja (1)
yesterday gestern (5)
yet noch immer, schon, bis jetzt, trotzdem (10)
yodel jodeln (3)
York York (2)
you du, dich (1)
young jung/e/r/s (1)
your dein/e/r/s, Ihr/e/r/s, euer/e (1)
you're welcome keine Ursache, nicht der Rede wert (3)
yours der/die/das Ihrige, eurige (2)
yuppie (*Abkürzung für* Young Urban Professional) Yuppi (2)

Z

zoom zoomen (3)
Zurich Zürich (7)